党政领导干部法治思维能力提升培训用书

本书由中共合肥市委党校资助出版

法治思维与风险行政防控

周良金　著

合肥工业大学出版社

图书在版编目(CIP)数据

法治思维与风险行政防控/周良金著．—合肥：合肥工业大学出版社，2018.12

ISBN 978-7-5650-4327-7

Ⅰ.①法…　Ⅱ.①周…　Ⅲ.①社会主义法制—建设—研究—中国
Ⅳ.①D920.0

中国版本图书馆CIP数据核字(2018)第284041号

法治思维与风险行政防控

周良金　著　　　　责任编辑　汤礼广

出　版	合肥工业大学出版社	**版　次**	2018年12月第1版
地　址	合肥市屯溪路193号	**印　次**	2018年12月第1次印刷
邮　编	230009	**开　本**	710毫米×1010毫米　1/16
电　话	理工编辑部：0551-62903087	**印　张**	9
	市场营销部：0551-62903198	**字　数**	123千字
网　址	www.hfutpress.com.cn	**印　刷**	安徽昶颉包装印务有限责任公司
E-mail	hfutpress@163.com	**发　行**	全国新华书店

ISBN 978-7-5650-4327-7　　　　**定价：27.00元**

序

党的十八大把基本建成法治政府确立为到 2020 年全面建成小康社会的一项重要目标。为了实现这一目标，近些年来，我国正在稳步推进法治政府建设，而且取得了显著效果。但是也毋庸讳言，在法治政府建设过程中，政府在设定权力、行使权力、制约权力、监督权力等方面依然存在着不少“短板”，对全面履行政府职能与严格公正实施法律法规之间关系的认识和理解仍需加强。

当前，我国正处于发展的重要战略机遇期，又处于社会矛盾的凸显期，世情、国情、党情都发生了深刻的变化，这意味着改革已经触及最核心的制度层面，需要鼓起极大的勇气破除最顽固的制度痼疾。全面推进依法治国战略口号的提出，表明中国共产党已明确了全面深化改革的推进方式，即在法治轨道上稳步改革，改革要做到于法有据。

如何在比较短的时间内做到让法治理念深入人心、让法治权威普遍树立，这确实是一项艰巨的任务。

法治建设的实践表明，作为“关键少数”的领导干部只有率先垂范，善于运用法治思维和法治方式推动工作，才能带动一个地方、一个部门的干部群众重视法治，从而推动形成崇尚法治、践行法治的良好社会风气。反之，如果领导干部习惯于用非法治思维做决策、办事情，或者在抓法治建设的工作上喊口号、练虚功、摆花架子，那么就必然会对政府的公信力产生负面影响，从而影响法治政府建设的进程。党政机关领导干部作为全面推进依法治国建设中的“关键少数”，必须在尊法、学法、守法、用法中发挥好模范带头作用，将宪法中法律至上、法律面前人人平等、权由法定、权依法使等法治理念牢牢记在心上，自觉做宪法法律的忠实信仰者、依法行政的模范践行者和人民群众利益的坚定捍卫者。

法治思维和法治理念的确立不是人先天就有的，而是通过后天的学习和实践才能获得。本书从法治思维与风险行政防控角度，对领导干部如何依法决策、如何严格执法、如何提供高效和便民的公共服务、如何依法处理信访维稳工作、如何依法应诉等行政及其风险控制问题进行了生动的理论阐述并给出了详细的指导方法，为领导干部培养法治思维和提高依法行政能力提供了一个有效的学习途径。本书有理论、有方法、有案例，文字通俗，可读性较强，值得大家阅读。

合肥市委党校常务副校长　柴修发

2018 年 11 月 28 日

前　言

党的十八大明确提出领导干部要提高运用法治思维和法治方式深化改革、推动发展、化解矛盾、维护稳定的能力。十八届四中全会通过的《中共中央关于全面推进依法治国若干重大问题的决定》，在其加强法治工作队伍建设部分中，更具体地提出“把善于运用法治思维和法治方式推动工作的人选拔到领导岗位上来”、“把法治建设成效纳入政绩考核指标体系”、“相同条件下优先提拔使用法治素养好、依法办事能力强的干部”等诸项硬性要求。这标志着我们党把对领导干部素质和能力建设的认识提到了新的高度。

当前，在基层依法行政工作中还存在着对全面推进依法治国新规定、新要求的研究不深入、不及时的状况；一些人还习惯于用老观念、老方法、老机制推进工作，难以适应法治新常态；一些地方依然是“拍脑袋决策”，未完全落实甚至设法规避如公众参与、风险评估、专家论证、合法性审查和集体讨论研究等法定程序；少数单位存在以领导意志取代集体决策的“一言堂”现象；一些单位法律顾问、专家咨询的制度流于形式，许多合同、纪要、公文存在不合法、不合规的内容；一些单位不作为、乱作为，导致行政争议、行政复议、行政诉讼的案件数量不断攀升，而且对发生行政复议、行政诉讼的案件，行政部门主要负责人出庭应诉率较低，对明显存在瑕疵的案件，存在不愿主动纠错、不愿与当事人协调解决的心态；一些单位执法规范化建设、执法责任追究制度落实不到位，执法过程中自由裁量随意性大，存在权力寻租空间；少数单位和执法人员怕出错、怕当被告、怕被问责，导致消极执法、行政不作为。造成上述问题的根源是一些地方领导在施政过程中缺乏法治思维和采用的法治方式有限，仍然沿袭过去的老办法、老传统开展工作。如何破解上述问题，笔者认为最重要的是要提高领导干部法治思维，在工作中要学会运用法治方式，从思想深处认识到依法行政的重要性和提高运用法治思维和法治方式开展工作的自觉性。

本书针对当前我国基层法治政府建设中遇到的如何依法行政决策、如何严格执法、如何提供便民高效的公共服务、如何依法信访维稳、如何依法应诉等行政难题，论述自觉运用法治思维和运用法治方式深化改革、推动发展、化解矛盾、维护稳定的内在要求和重要性，并给出了提升法治思维和提高依法行政能力的相关具体方法。本书阅读的对象是基层党政机关及其行使公权力的领导干部。本书写作目的是让领导干部懂得如何用权、如何控制权力以及如何对行政风险进行防控。

本书由中共合肥市委党校资助出版。作者在撰写本书过程中，参考了一些专家观点以及引用了一些媒体报道，还得到了本人单位有关领导的大力支持，在此，对相关人员表示十分感谢。周禹为本书做了大量校对工作，在此一并感谢。

周良金

2018 年 11 月 10 日于蜀山脚下

目　　录

第一章 法治思维概述

党的十八大提出领导干部要提高运用法治思维和法治方式深化改革、推动发展、化解矛盾、维护稳定的能力。注重运用法治思维深化改革，意味着在整个改革过程中，要高度重视运用法治思维和法治方式，发挥法治的引领和推动作用，确保在法治轨道上推进改革。要求运用法治思维推动发展，意味着必须坚定不移走中国特色社会主义法治道路，加快建设中国特色社会主义法治体系，建设社会主义法治国家。强调运用法治思维化解矛盾、维护社会稳定，意味着要不断提高社会治理的法治化水平，要将各方利益诉求与主张都提至法律的框架内进行，以制度和法律手段来弥合裂痕、化解冲突。

案例

违规占、敷衍改，谁在破坏保护区

2018 年 10 月 12 日晚，央视新闻频道《东方时空》栏目以《违规占、敷衍改，谁在破坏保护区》为题对安徽扬子鳄国家级自然保护区遭破坏的相关情况进行了报道。报道称该保护区存在违规占地建设的情况。面对媒体曝光，保护区所在地的党政领导第一时间赶赴现场查看，表态“要主动对接媒体，提供详细材料”。

安徽扬子鳄国家级自然保护区位于安徽省宣城市宣州区、郎溪县、广德县、泾县及芜湖市南陵县等 5 个县（区）境内，始建于 1979 年，1982 年升级为省级自然保护区，1986 年升级为国家级自然保护区，主要保护对象是扬子鳄及其生活环境。根据遥感监测报告显示，安徽扬子鳄国家级自然保护区存在58处人类活动变化，其中有16处变化都处于核心区。记者还发现，即使在中央环境保护督察组督察之后，保护区内的一些新项目和培训中心的活动仍在进行。

2017年4月27日，中央环境保护督察组开始进驻安徽。督察组就扬子鳄保护区的问题要求宣城市政府开展拉网式清查、拆除非法建筑、恢复自然生态环境面貌，并要求在2017年11月15日前完成所有整改工作。

然而在整改时间结束后，在保护区现场，督察人员看到的景象却没有太大的改观。

2018年9月26日，生态环境部就侵占破坏自然保护区的问题约谈安徽省11位厅级官员。生态环境部还在通报中措辞严厉地指出：安徽省宣城市泾县经济开发区长期违规侵占安徽扬子鳄国家级自然保护区双坑片区核心区土地近300公顷，严重破坏扬子鳄栖息环境；安徽扬子鳄国家级保护区管理局擅自变更保护区范围和功能区划，声称经济开发区没有侵占自然保护区，性质恶劣。

2018年10月13日下午，泾县县委县政府召开了专项工作推进会，组织县委中心组成员、相关县直单位和各乡镇党委主要负责人，认真学习了习近平总书记在全国生态环境保护大会上的重要讲话精神，并观看了中央电视台《东方时空》栏目的报道视频。会议要求各级领导干部进一步提高思想认识。会后还成立了四个专项工作组，抽调专门人员集中办公，加大整改力度和资金保障，切实抓好整改落实工作。

一、法治思维的概念

1. 法与法治的内涵

在界定法治思维概念之前，我们先了解一下有关“法”的概念。在现代汉语言中，“法”字的异体字是“灋”，东汉时期的许慎在《说文解字》中这样解释：“灋，刑也。平之如水，从水；廌，所以触不直者；去之，从去。”据说，商鞅变法时，商鞅将“法”改为“律”。许慎对

“律”的解释为：“律，均布也。”马克思主义的观点则认为：“法律”就是指归根到底由社会物质生活条件所决定的，主要反映掌握国家政权的社会集团的共同意志和根本利益，由国家制定或认可并由国家强制力保证实施的，通过规定权利与义务以维护社会秩序的一种特殊的行为规范体系。

“法治”一词，在我国古代未曾出现。在我国最早使用“法治”一词的是梁启超先生。西方最早使用“法治”一词并给它以科学定义的是亚里士多德。19世纪末，英国著名宪法学家戴雪提出了“法治的三要素说”。他的这个学说后来成为西方国家自由资本主义时代法治模式的支柱。概括起来，所谓法治，就是指依照法律治理国家的治国思想、治国方式、社会秩序和社会状态。它包括以下几层含义：法治是一种宏观的治国方略；法治是一种理性的办事原则；法治是一种民主的制度模式；法治还经常被作为一种文明的法的精神，与“理念”、“原则”、“观念”等词联用；法治是一种理性、理想的社会秩序和社会状态。

2. 法治思维的内涵

2010年10月10日国务院颁布《关于加强法治政府建设的意见》（国发〔2010〕33号），该文首次出现“法治思维”的提法：“切实提高运用法治思维和法律手段解决经济社会发展中突出矛盾和问题的能力。”2012年11月8日，党的十八大报告明确要求“提高领导干部运用法治思维和法治方式深化改革、推动发展、化解矛盾、维护稳定能力”，这是国务院《关于加强法治政府建设的意见》第一次提出“法治思维”的概念后，党的报告又在其基础上第一次增加了“法治方式”的概念，从而使法治的“思维”与“行为”达到了统一。2012年12月4日，习近平总书记《在首都各界纪念现行宪法公布施行30周年大会上的讲话》中指出：“各级领导干部要提高运用法治思维和法治方式深化改革、推动发展、化解矛盾、维护稳定能力，努力推动形成办事依法、遇事找法、解决问题用法、化解矛盾靠法的良好法治环境，在法治轨道上推动各项工作。”习近平总书记这一讲话，将“法治思维”和“法治方式”

推广到更加广阔的管理领域。2014 年 12 月 20 日，习近平总书记在庆祝澳门回归祖国十五周年大会暨澳门特别行政区第四届政府就职典礼上的讲话指出："人类社会发展的事实证明，依法治理是最可靠、最稳定的治理。要善于运用法治思维和法治方式进行治理。"这是习近平总书记要求将"法治思维"和"法治方式"提到国家治理现代化的高度来认知。2015 年年初，习近平总书记在全国省部级主要领导干部学习贯彻十八届四中全会精神、全面推进依法治国专题研讨班上做了重要讲话，再次要求领导干部"谋划工作要运用法治思维，处理问题要运用法治方式"，"学会用法治思维和法治方式做好治国理政各项工作"，并强调"领导干部要把对法治的尊崇、对法律的敬畏转化成思维方式和行为方式，做到在法治之下而不是法治之外、更不是法治之上想问题、做决策、办事情"。

思维是人的一种主观精神活动，思维方式是人们看问题的角度、方法。思维方式不同，看问题的角度、方法就会有所不同。关于法治思维的定义不同学者有不同认识，有学者认为："法治思维是基于法治的固有特性和对法治的信念，是认识事物、判断是非、解决问题的思维方式。"还有学者认为："法治思维就是将法治的诸种要求运用于认识、分析、处理问题的思维方式，是一种以法律规范为基准的逻辑化的理性思考方式。"综上所述，我们认为法治思维就是规则思维。法治思维的逻辑起点是用既定的规则告诉人们什么能做，什么不能做，通过规制社会主体的行为，以期达到对行为可预期性。

3. 非法治思维常见的形态

当前，个别领导干部还习惯于传统的思维方式，因此面对和解决现代社会的各种矛盾时显得力不从心。在全面建成小康社会、全面深化改革、全面依法治国、全面从严治党的新时期，一些传统的工作方法和思维已不适用。在日常行政管理活动中与法治思维不符的常见的习惯性思维主要有以下几点：

第一，"官本位"思维。这种思维模式强调以"官"为本位的价值取向，是“崇拜权力”和“权大于法”的思维，在现实中表现为官僚主义、形式主义、唯上是从的思想意识。“官本位”思维不仅与法治思维格格不入，更是与我党执政为民的“民本位”思想背道而驰。

第二，平安维稳思维。在稳定压倒一切的背景下，一些领导干部往往采取“搞定就是稳定，摆平就是水平”的思维方式，违反规则和程序将不平之事“摆平”。还有人在解决问题时倾向于运用“人民内部矛盾用人民币解决”。殊不知“花钱买平安”的结果往往是助长了个别群众维权的期望，增加了化解社会矛盾的成本。

第三，计划命令思维。在计划经济年代，政府解决问题的方法往往是出台政策发号施令，要求群众积极响应并坚决执行，法律有时候成了摆设。因此一些行政机关公职人员形成了“政策灵活有效率，而法治思维呆板滞缓”的思维定式，对人民群众的诉求往往仅依靠行政手段和经济手段来解决。这种思维的表现通常是以政府为中心，以“命令”和“强制”为手段。

第四，经验惯性思维。经验惯性思维表现为工作中解决问题总是选择过去获得成功的行为方式，凡事必须遵循先例，靠自己的直觉和经验来解决矛盾和问题。

二、法治思维对依法行政的重要性

党的十八大以来，以习近平同志为核心的党中央对法治做出了一系列理论阐述，不断丰富和完善全面推进依法治国的重要思想。习近平总书记对领导干部提高法治思维能力也曾多次提出了明确要求。因此，树立法治思维是全面从严治党思想的重要组成部分，在我党过去治国理政的实践中具有举足轻重的地位。

1. 法治思维是树立以人民为中心的发展理念的需要

党的十九大报告强调，要坚持党的领导、人民当家做主和依法治国的有机统一。习近平总书记指出：“保证和支持人民当家做主不是一句口号、不是一句空话，必须落实到国家政治生活和社会生活之中。”党的十九大报告对人民权利的尊崇，彰显了我们党一以贯之的人民情怀。报告指出“人民对美好生活的向往，就是我们的奋斗目标”，“把党的群众路线贯彻到治国理政全部活动之中”，“坚持人民当家做主”，“保证人民当家做主落实到国家政治生活和社会生活之中”，“坚持在发展中保障和改善民生”，“保证全体人民在共建共享发展中有更多获得感”，“保护人民人身权、财产权、人格权”，强化国家对人民合法权益的全面保护。党的路线方针政策正确与否，以是否符合人民利益为判断和检验的标准，这是由党的性质和宗旨决定的。在法治思维下，检验党的路线方针政策正确与否，除了以是否符合人民利益为标准外，还必须以是否符合法律为准则，因为法律是党制定路线方针政策的依据。十八届四中全会指出：“各级领导干部要对法律怀有敬畏之心，牢记法律红线不可逾越、法律底线不可触碰，带头遵守法律，带头依法办事，不得违法行使权力，更不能以言代法、以权压法、徇私枉法。”法治思维要求执政党必须把“红线”、“底线”的法律意识体现在路线方针政策制定的全过程，坚持符合人民利益与符合法律规范相统一。

2. 法治思维是建设公平正义社会的需要

党的十九大提出：“全面依法治国是国家治理的一场深刻革命，必须坚持厉行法治，推进科学立法、严格执法、公正司法、全民守法。”党员干部尤其是领导干部，要切实肩负起历史使命，增强法治素养，提高法治思维能力，依法推进各项工作。法律是一杆公平秤，西方有“法律乃普及公平之艺术”的说法，中国喻法律以“平之如水”之意。与公平相连接是法律价值的体现。法律作为行为规范，以调整社会关系为目的，本应维护社会公平正义。然而，法律有“良法”和“恶法”之分，笼统认定法律是维护社会公平正义的价值并不符合事实。历史上凡是剥削和压迫社会制度下的法律，与公平正义完全不沾边。社会主义结束了人剥削人、人压迫人的制度，为实现公平正义创造了良好的条件。“平等是社会主义法律的基本属性”，“公正是法治的生命线”，追求公平正义是社会主义法治的重要内涵。党在治国理政实践中树立法治思维，就是要运用法律防止社会公平正义的缺失。

3. 法治思维是维护社会稳定的需要

习总书记说过："我们的立场是胆子要大、步子要稳，既要大胆探索、勇于开拓，也要稳妥审慎、三思而后行。"整体改革应当稳字当头、变速前进，顶层设计目标清晰、措施到位，大胆尝试、有效评估，这些精神已充分体现在我国法治改革的若干制度、机制、措施和行动中。化解矛盾有许多方法，法律体现共同意志，具有普遍接受、高度认同、刚性执行等显著特征，这可以大大减少化解矛盾的成本，有利于排除非理性的阻力干扰。因此，实行法治是化解矛盾诸多方法中最有效的一种，是维护社会稳定的最佳选择。树立法治思维就是要努力从法律层面寻求化解矛盾之道，在法治环境下打牢社会稳定之基。

三、法治思维与相关思维概念的区别

法治思维是人类多种思维中的一种思维方式，但不是全部思维。它与军事思维、政治思维、经济思维、道德思维等各有侧重，互为补充，相得益彰。在战争年代，军事思维的作用显得非常突出；在强调政治挂帅时期，政治思维充斥社会方方面面；在和平建设时期，经济思维居于突出地位，一切以经济建设为中心。所以，我们不能说只有法治思维是合法思维，其他思维是违法思维，因为思维只存在特点不同，不存在是否合法的问题。我们同样不能说只有法治思维才是正确思维，其他思维都是错误思维。思维模式本身不存在"对"与"错"的问题，只有应用思维过程中才会产生"对"与"错"。

1. 法治思维与人治思维的区别

人治与法治是历史上长期存在的两种对立的治国理念和制度。中国历史上的人治与封建专制、小农经济相联系，强调当权者个人作用与权威，"皇权至上"、"君言即法"、"口含天宪"。人治社会也是有法律的，人治不等于没有或取消法律，而是借助法律实现专制。封建专制社会的法是用来约束普通民众的，皇帝个人权力不受任何法律制约。在人治社会里，社会的稳定、进步完全取决于当权者个人的“贤明”。人治虽然也通过制定法律来稳定统治秩序，但这种法律不是社会和权力的基础，而是国家最高权力的工具，彼时权大于法。

法治作为一种治国思想和治国方式是与人治相对的。法治即法的统治，强调法律作为一种社会治理工具在社会生活中的至上地位，要求用一整套完善的法律制度管理国家、约束全体社会成员。现代意义的法治是在资产阶级反对封建统治斗争中发展起来的，正是资产阶级法治才保证了资产阶级民主和资本主义市场经济秩序，创造了近代西方文明。尽管人治在一定历史条件下对维护封建秩序不失为一种方法，但从历史发展漫长历程来看，法治优于人治的结论无须争论。人治和法治的主要区别：人治所强调的是个人的作用；而法治所强调的则是法律的权威。

2. 法治思维与政治思维的区别

政治思维讲究利与弊之间的权衡。政治思维重视按照上级政策办，在行政决策和执行决策过程中讲方针政策多，而直接按方针政策办事多，讲严格依法办事少。政治思维认为政策先于法律，权力高于权利。长期以来，部分地方主要依靠“红头”文件管理经济社会事务，部分领导干部主要依靠行政命令履行职责。但是，现代政治文明首推法治文明。在实现“四个全面”战略布局的宏伟背景下，不讲法治就是不讲政治，党员干部应当积极践行“全面依法治国”的要求，主动在法治轨道上聚焦职责使命，带头履行法治，坚持依法办事，坚决避免以言代法、以权压法、徇私枉法，以此推动“四个全面”战略布局落地生根。

3. 法治思维与经济思维的区别

经济思维注重成本与效益的比较。十八届三中全会强调全面深化改革的核心是正确处理市场与政府两者之间的关系，要求让市场对资源配置起决定性作用，让政府发挥更好的调控作用。政府与市场之间有一定的规律性边界，那就是市场和社会能够有效解决的，政府应当避免介入，政府不应该把自己的手伸得过长；社会和市场不能有效解决的，政府应当补位。政府过度干预市场，既会阻碍经济的活力，也容易出现因权力寻租而产生的腐败。有些地方政府在经济社会发展过程中受考核指标的影响，也有一些领导干部奉行“GDP 至上”，因此不惜以牺牲“法治”的方式来换取经济的发展。还有个别领导干部认为：依法办事程序烦琐、成本高，远不如行政命令直接、快捷和成本低。习近平总书记在2014 年中央经济工作会议上指出：“一些地方和部门还习惯于仅靠行政命令等方式来管理经济，习惯于用超越法律法规的手段和政策来抓企业、上项目推动发展，习惯于采取陈旧的计划手段、强制手段完成收入任务，这些办法必须加以改变。”市场经济就是法治经济，各级领导干部应当主动增强法治的“内核动力”，充分运用可靠、稳定和有预期的法治化发展方式，由里及表、由内向外地引领、促进和保障市场经济健康发展。

4. 法治思维与改革思维的区别

改革思维强调“破”与“立”之间转换。以前我们比较习惯于把改革理解为就是突破法律的条条框框，认为法律条条框框束缚了改革手脚，将改革与依法治国对立起来。其实法治能为改革提供规范依据和制度支撑，可以促进和指引改革。改革必须在法治的框架内进行，改革要有所突破，必须先修改法律，不能先破后立，这是解决改革与法治冲突的规律性要求。突破法律搞改革，肯定会付出高昂代价，法律的权威自然无法树立。当前，在依法治国，建设社会主义法治国家背景之下，任何以创新之名或改革之义随意突破法治的改革都是与中央大政方针相违背的，应该加以纠正，改革必须在法治框架内推进，既要促进发展，又要维护稳定。2014 年 2 月 28 日，习近平总书记在中央全面深化改革领导小组第二次会议上强调：“凡属重大改革都要于法有据。在整个改革过程中，都要高度重视运用法治思维和法治方式，发挥法治的引领和推动作用，加强对相关立法工作的协调，确保在法治轨道上推进改革。”因此，推动党的事业繁荣发展，既要深化改革、大胆改革，又要尊崇法治的地位，为改革戴上“法治紧箍咒”，只有如此，才能最大程度保证改革的持续性和稳定性，释放改革的“乘数效应”。

5. 法治思维与德治思维的区别

德治思维强调善与恶的选择。习近平总书记指出："要坚持依法治国和以德治国相结合，把法治建设和道德建设紧密结合起来，把他律和自律紧密结合起来，做到法治和德治相辅相成、相互促进。"在国家治理中，必须坚持一手抓法治，一手抓德治，以法治体现道德理念，以道德滋养法治精神。但是，也必须充分认识到，法治思维与德治思维存在很大的差别：二者不仅约束机制和建立基础不同，更重要的是地位不同。党员干部必须牢牢把握依法治国是党领导人民治理国家的基本方略，是现代国家治理的基本方式；必须牢牢坚持法治在国家治理中的核心地位，不能削弱法治的作用，更不能用德治代替法治。

案例

仇和为官的非法治思维剖析

历任江苏省宿迁市委书记、江苏省副省长、云南省昆明市委书记、云南省委副书记的仇和，曾荣获"中国改革开放30年杰出人物"和"中国改革开放30年社会人物"等多项殊荣，但在他的为官路上，争议却始终不曾停歇。仇和曾经一意孤行，大肆"拆建修"，使"春城"变"拆城"；给"全民招商"定指标，对完不成任务的进行降级撤职处理；等等。这一系列非法作为，给仇和赢来了"任性书记"的"雅号"。仇和本是农民出身，1957年出生在江苏盐城滨海县农村。1978年他考上了大学，这成为仇和人生第一个重要转折点。作为当时稀缺的大学生，他进入省农科院工作，两年升为副处级。1996年，仇和作为江苏省派出的深造人员，从美国学成归来，并在39岁的时候担任宿迁市副市长兼下属的沭阳县委书记。2000年，仇和升任宿迁市委副书记、代市长，8个月后，他被任命为宿迁市委书记。

在地理版图上，仇和所在的宿迁市在省内是个默默无名的地方。这个10年前新建的地级市历史短，虽说行政级别同江苏省的苏州市、扬州市一样，但名气根本不是一个级别。在江苏省这个富裕省份，如果说宿迁市在江苏省有什么特点，那就是“突出”的穷。1996 年宿迁市建市初期，人均 GDP 还不到江苏省平均水平的三分之一，仅相当于江苏省中部地区的 1/1.7，被称为江苏省经济的“第四极”。这个排在苏南、苏中和苏北之后，既穷且大的宿迁市成为江苏经济社会发展“木桶”中最短的一块木板。仇和在担任沭阳县委书记与宿迁市委书记期间，以激进的手段推进“改革”，可谓“政绩”突出。此事经媒体披露后，引起了社会各界的普遍关注。

2004 年 2 月 5 日《南方周末》详细报道了“最富争议的市委书记”——中共宿迁市委书记仇和的施政经历。仇和在接受《南方周末》记者采访时说：“欠发达地区一般都有四个怪圈，即政治上越乱越穷，越穷越乱，表现为乱折腾；社会上越生越穷，越穷越生，表现为乱生育；经济上越收越穷，越穷越收，表现为乱收费；思想上越保守越穷，越穷越保守，表现为头脑僵化。治乱世用重典，治重症下猛药，所以在沭阳时，我是强力纠偏，矫枉要过正。”他还认为：“西方在我国现在这个发展阶段时，在我国这种人均 GDP 水平时，哪里有人权呢？我觉得中国现在要加快发展，用 30 年走完西方 300 年的路，政治优势是很重要的，权力相对集中，可以采取压缩饼干式的发展，不要截然把人治和法治当成是非的两极，承认宿迁现状的话，能不能用人治来推动法治，用不民主的方式来推进民主呢?”

2002 年，宿迁市推行三分之一干部离岗招商、三分之一干部轮岗创业的政策，政府催生了上千“官商”；2003 年，宿迁市强行推进教改、医改，变卖幼儿园和医院，引起激烈争议。从当年的 7 月 12 日至 10 月 2 日的短短时间内，中央电视台《焦点访谈》三次聚焦宿迁市。民间段子如此描述，“仇和望一望，拆到南关荡，仇和手一挥，拆到沂河堆”，“拆了你别哭，没拆你别笑，那是仇和没看到”。仇和给教师下达“招商引资”任务，引发集体罢课；为推行小城镇建设，仇和要求各乡镇沿街的房屋改建为贴白瓷砖的二层楼房，一楼作商用，二楼作住宅；沭阳县财政捉襟见肘，仇和以强行划扣干部和教师工资以及强令农民出工的方式筹资修路。一些干部工资连续数年被扣。在城区拆迁时，沭阳街头往往见到这样的标语：“大干30天封顶。”而在推行小城镇建设时，每个乡镇都领有任务指标，以致有的乡镇因担心完不成任务，干脆强行拆除老百姓的房子，逼其重建。仇和在任江苏省沭阳县委书记时，面对脏乱环境，勒令全县5000多名机关干部充当“清洁工”。仅凭其个人意志，全县5000多名机关干部放下日常管理事务，投身环境整治工程，被人争议其“不抓工，不抓商，只抓四面光”。

仇和爱搞野蛮拆迁，并借此迅速赢得名声。他声称“不争论，大胆地试，大胆地闯，发展才是硬道理”。在其20多年的仕途中，“拆建修”成为其获取政绩工程的重要手段。他甚至为整改市容而强迫拆除居民防盗笼。如果公务员不带头拆除防盗笼就强令其“回家”。

当地的一位干部私下坦言：“仇和做事喜欢走极端，不重过程，重结果。”仇和曾经分析自己，“我搞科研出身，科研重结果，不重过程，所以有时表现出急躁的情绪。”但他同时又说，“往往过程中容易争议，不如让结果早点出来，这样就有了说服力。”看来，仇和是“幸运”的，因为他获取了令其满意的预期“政绩”，这也是他在仕途上屹立不倒的重要支柱之一。

在离开沭阳时，仇和在全县干部会上说，“我们四年不懈的努力、流淌的汗水、付出的辛劳，在得到群众认可、社会认同的基础上，终于得到上级党委和组织部门的认定，还有什么比这更令人高兴的呢？还有什么比这更让人安慰的呢？”其实，所谓“群众认可”、“社会认同”恐怕要大打折扣的。

《瞭望新闻周刊》（2004年第5期）发表文章《管好管理者》指出：“衡量一个公务人员的好坏，不能只看他做成了什么事情，还要看他在做成这些事情的过程中，是否滥用了公共权力。即便他滥用公共权力确是为善，也虽善不褒，因为一旦开了这个口子，接踵而来的就可能是一连串的为恶。这是有当代许多案例可稽的。”诚然，对仇和这样一个“压缩饼干”式的激烈改革发动者，绝不是选择一个“好”或者“坏”的标签贴上那么简单。

《南方周末》编者按：我们不能因为其政绩的“显赫”，就心安理得地对其施政行为模棱两可、含糊其词，乃至默认和纵容。在发展问题上，我们必须摒弃那种粗鄙的片面的发展观，实施全面、协调、可持续的新发展战略。

人治需要狠，说狠话，出狠招，做狠事；而法治是讲规矩，走程序，循机制，仇和认为从“人治”到“法治”有着这样一个逻辑链条：人治——人制——法制——法治。因此，他认为人治的经验要上升为制度，这种制度通过法定程序固定下来就能达到法治。仇和绕过民主决策，力推“先干不争论，先试不议论，先做不评论，允许在探索中有失误，不允许无所作为”的新政有失偏颇。仇和式的改革也被称为“强人政治”、“铁腕改革”，但人们对他的“人治”、“权治”、“非民主法制”说法也不绝于耳。

实践证明，领导干部严格按照各项规范和制度来用权、办事，就能够推动事业稳定发展，而法治意识淡薄，甚至以言代法、以权压法，迟早会“栽跟头”。

四、法治思维遵循的基本原则

“法治思维”和“法治方式”是十八大报告首次提出的概念，是基于对中国当前法治建设特定阶段的特定要求提出的，具有明确的针对性和现实性。

1. 法治思维是规则思维

法治思维是从讲规矩、守规则开始的。规则是一定程度上凝聚众人意志并为众人所认同的行为规范，具有确定性、可预期、可执行等特点，是人们对事物理性期待的体现。规则至上思维，就是以既定的法律规则为依据，运用法律规则中的法律术语进行观察、思考和判断。对行政机关来说，首先要严守规则，维护规则的稳定，否则就会破坏人们的预期，理性就变成感性、心安就变成恐惧、有序就变成无序。过去那种

“改革可以冲破法律禁区”的认识，已不符合全面推进依法治国需要，也是对法治的践踏破坏。所以，十八届四中全会提出要“做到重大改革于法有据”。当法律规则发生错误或者滞后的问题时，必须通过法治的方式来解决，通过及时地“立”、“改”、“废”、“释”以及通过程序来解决。不能以“下不为例”为借口突破规则。否则，就会破坏人们的行为预期，社会就会无序。

2. 法治思维是程序性思维

法治思维不仅要考虑实体上是非对错，更要确定一套开放、公平、透明的程序规则。法治思维要求重视程序，充分发挥程序的作用。遇到有争议或纠纷的问题，即使是非对错很清晰，也要善于考虑程序上的处理方式，让争议各方平等地发表意见。如果法律程序不到位，那么决定可能无效甚至违法。如果程序上有瑕疵或者不能做到公开透明，就会严重影响执法的公信力。既定程序对每一个人都是相同的，按程序办事，最终结果即使不尽如人意，但因程序规则运用过程公平、透明，各种不满总会消失。

法治思维是程序思维就是要求行政过程中立公正，行政权力行使如果不能中立公正，就会导致权力寻租越轨，丧失公信力。法治思维是程序思维就是要求遵循权利救济原则，无救济则无权利。任何人权利受到侵害，都应通过平等机会和公正程序得到救济。权利救济渠道是社会关系修复的主渠道，对维护社会秩序作用重大。程序也是一种良好的工作方式。无论是解决纠纷，还是做出决策，都离不开程序。要相信，一切难题总可以在正当程序中化解。

3. 法治思维是责任思维

权力和责任是对等的，有权必有责，用权受监督，滥权要追究，行使权力就要承担责任。法治思维要求从权力和责任角度观察、分析、处理问题。党的十八届四中全会提出建立健全重大决策终身责任追究制度及责任倒查机制，对决策严重失误或者依法应该及时做出决策但久拖不决，造成重大损失和恶劣影响的，要严格追究行政首长、负有责任的其他领导人员和相关责任人的责任。以习近平同志为核心的党中央提出了要落实全面从严治党主体责任，并出台了一系列党规党纪，就是要警示全党，失责就要被问责。在权力和责任的关系上，责任是第一位的。法治思维对行政权力使用范围和程度加以限制和约束，则权力的灵活性和自由度就会降低。

4. 法治思维是理性思维

法律思维是以事实与规则认定为基础的思维活动。因此，法律思维首先是服从规则及其逻辑，是一种理性思维，它不受情感因素的左右。具体到公权力主体，就是应当在注重缜密的法律逻辑的前提下，再考虑“情”的因素。另外，法治思维注重价值权衡。法治的突出特征在于对各种价值和正当利益的合理平衡，在看问题、做决策、办事情时，要求在利益与正义、自由与秩序、公平与效率、安全与限制、平等与差别、生存与发展等不同价值之间进行平衡，力求消除冲突。做到既尊重多数又保护少数，既维护秩序又尊重自由，既维稳又维权，既注重形式正义又注重实体正义，以实现各价值追求的耦合，实现双赢甚至多赢。

习近平总书记在党的十九届一中全会上讲话中指出：“在新时代的征程上，全党同志一定要适应新时代中国特色社会主义的发展要求，提高战略思维、创新思维、辩证思维、法治思维、底线思维能力，增强工作的原则性、系统性、预见性、创造性。”经过四十年改革开放，我国进入新时代，我们正在完善和发展中国特色社会主义制度，推进国家治理体系和治理能力现代化。在全面深化改革的关键时期，树立法治思维完全符合全面深化改革的总目标，也是全面依法治国的要求和体现。法治思维是新时期最符合国家治理现代化和全面推进依法治国的思维之一。

第二章　风险行政与法治思维

风险的表现形式多种多样，如自然环境风险、经济风险、社会风险、政治风险等，它几乎影响到人类社会生活的各个方面。作为当今世界最大的发展中国家，我国社会所面临的风险形势是异常复杂的，最大的特点在于社会各类风险的叠加效应，即一方面既要应对工业社会的现代风险，例如环境污染、交通安全、产品质量安全、生产安全等，另一方面还需要同时面对一些前现代风险（如自然灾害、地方性流行疾病等）和后现代风险（如信息安全、基因和纳米技术风险等）的考验。由于各类风险都有可能压缩在极短的时期内爆发，因此对我国社会造成了巨大风险威胁，对我国国家的风险治理能力和体系建设提出了更加严峻的挑战。

案例

长春长生疫苗案

2018 年 7 月 15 日下午，原国家食品药品监督管理总局通报：长春长生生物科技有限责任公司在冻干人用狂犬病疫苗生产过程中存在记录造假等严重违反《药品生产质量管理规范》（药品 GMP）行为，吉林省食品药品监督管理局已经对此立案进行调查，而所有涉事批次产品尚未出厂和上市销售，且全部产品已得到有效控制。

原国家食品药品监督管理总局已要求吉林省食品药品监督管理局收回该企业药品 GMP 证书（证书编号：JL20180024），责令该企业停止狂犬疫苗的生产，责成该企业严格落实主体责任，全面排查风险隐患，主动采取控制措施，确保公众用药安全。

2018 年 7 月 16 日早晨，长春长生生物科技有限责任公司发布公告，表示正对有效期内所有批次的冻干人用狂犬病疫苗全部实施召回。2018 年 7 月 17 日，长春长生生物科技有限责任公司发声明称，此次所有涉事疫苗尚未出厂销售，所有已经上市的人用狂犬病疫苗产品质量符合国家注册标准。

2018 年 7 月 22 日，原国家食品药品监督管理总局负责人通报长春长生生物科技有限责任公司违法违规生产冻干人用狂犬病疫苗案件有关情况。

2018 年 7 月 22 日，李克强总理就疫苗事件做出批示：此次疫苗事件突破人的道德底线，必须给全国人民一个明明白白的交代。

2018 年 7 月 23 日，正在国外访问的中共中央总书记、国家主席、中央军委主席习近平对吉林长春长生生物科技有限责任公司疫苗案件做重要指示时指出：长春长生生物科技有限责任公司违法违规生产疫苗行为，性质恶劣，令人触目惊心。有关地方和部门要高度重视，立即调查事实真相，一查到底，严肃问责，依法从严处理。要及时公布调查进展，切实回应群众关切。

2018 年 7 月 23 日 15 时，长春市长春新区公安分局依据吉林省食品药品监督管理局《涉嫌犯罪案件移送书》，对长春长生生物科技有限责任公司生产冻干人用狂犬病疫苗涉嫌违法犯罪案件迅速立案调查，将公司董事长高某芳（女）和 4 名公司高管等主要涉案人员带至公安机关依法审查。

2018 年 7 月 29 日，依据《中华人民共和国刑事诉讼法》第 79 条规定，长春新区公安分局以涉嫌生产、销售劣药罪，对长春长生生物科技有限责任公司董事长高某芳等 18 名犯罪嫌疑人向检察机关提请批准逮捕。

2018 年 8 月 6 日，国务院调查组公布了长春长生生物科技有限责任公司违法违规生产狂犬病疫苗案件调查的进展情况。调查组介绍，长春长生生物科技有限责任公司从2014年4月起，在生产狂犬病疫苗过程中严重违反药品生产质量管理规范和国家药品标准的有关规定，其中有的批次混入过期原液、不如实填写日期和批号，部分批次向后标示生产日期。目前，召回工作在进行中。对其销往境外的涉案疫苗，同时启动了通报和召回工作。调查组强调，长春长生生物科技有限责任公司案件涉嫌刑事犯罪和涉及监管责任，必须依法严肃追究。相关调查及后续有关工作正在抓紧进行中。

2018年8月16日，中共中央政治局常务委员会召开会议，听取关于吉林长春长生生物科技有限责任公司问题疫苗案件调查及有关问责情况的汇报。会议同意，对金育辉（吉林省副省长，2017年4月起分管吉林省食品药品监管工作）予以免职，对李晋修（吉林省政协副主席，2015年12月至2017年4月任分管吉林省食品药品监管工作的副省长）责令辞职，要求刘长龙（长春市市长，2016年9月任长春市代市长，2016年10月至今任长春市市长）、毕井泉（国家市场监督管理总局党组书记、副局长，2015年2月至2018年3月任原食品药品监管总局局长）引咎辞职，要求姜治莹（吉林省委常委、延边朝鲜族自治州委书记，2012年3月—2016年5月任长春市委副书记、市长）、焦红（原国家食品药品监督管理总局局长）做出深刻检查；对35名非中管干部进行问责；决定中央纪委国家监委对吴浈（原国家食品药品监督管理总局副局长、原国家卫生计生委副主任，分管药化注册管理、药化监管和审核检验等工作）进行立案审查。会议责成吉林省委和省政府、国家药品监督管理局向中共中央、国务院做出深刻检查。

在现实世界里，频繁爆发的自然灾害、日益严峻的环境污染、触目惊心的食品药品事件、损失惨重的安全生产事故等自然和社会风险因素正在以聚集和叠加的态势冲击着当代中国社会，也考验着政府的风险治理能力。2016年通过的我国国民经济和社会发展第十三个五年规划纲要，其中“风险”一词一共出现了14次，足见风险及其治理已经不仅仅是书斋里的理论概念，而且也是社会公众和政府所关注的重要议题。

一、风险及风险社会管理

1. 风险社会概念的由来及特征

“风险”这一概念最早起源于17世纪海上保险业中估算帆船驶入未明水域的可能损失，后来用在银行业务或投资可能损失的计算方面。20世纪70年代后期，化工厂和核能工业的污染，使科学社会学家开始用“风险”这一术语来表达技术的发展可能导致的灾难性后果。随着生态危机问题热化，“风险”概念自20世纪80年代以来已从单纯技术-经济的范畴扩展为一个社会理论范畴。德国社会学家贝克（Ulrich Beck）于1986年在首次提出“风险社会”的概念。他认为，风险不同于危险，人类在危险面前常常被动无助，而风险则在很大程度上取决于人的认识和决断。只有当人们有意识地探索未来并试图对不可预见的后果加以控制或避免时，才谈得上风险。贝克认为：在传统的现代化社会中，人们相信人的理性力量可以控制自然和社会，使人类社会有秩序、有规则地发展。这种对社会的看法可以称为一种“常态社会”的观点。但是，随着科学技术以及全球化的迅猛发展，这种“常态社会”的观点已经日益不能符合社会的实际情况，因此我们不得不正视世界已开始进入了一个新的“风险社会”这一事实。

风险社会特点有以下几个方面表现：

（1）风险的普遍性

在风险社会中，原本特定的人物、时间、地点的风险，在科技的高度专业化与分化的情况下，已经跨越了特定人物、时间、地点的界限而成为普遍性甚至全球性影响的风险。例如生态环境的破坏等，每个人都会受到波及，并没有职业、阶级、种族之分，且在时间上也没有界限，一旦出现这种风险，它就会持续和全面扩散，彻底突破特定时间、地点、人物的限制。这种风险如雾霾的影响、药品食品不安全等。所以，现代风险是有普遍性，其影响波及范围广，只要是地球上的生命形态，皆是现代风险的潜在受害者。风险渗透于人们的日常生活，一旦遇上风险，人们无从逃避。因此，贝克认为，风险是现代人的宿命。

（2）风险的关联性

风险社会中的风险并非孤立存在，而是相互关联，甚至彼此叠加的。局部地区某种风险的“蝴蝶效应”可能在全球引发巨大的连锁反应，触发其他领域的风险。结构性高失业率或就业不足与激烈的社会动荡之间关联最为紧密。金融风险、气候变化、科技创新等因素则可能增加更大范围的社会风险，波及面更广，使更多人牵涉其中。

（3）风险的阶级性

贝克认为：“财富在上层集聚，而风险在下层集聚。”相对于穷人面对风险的无助，富人的损失往往小得多，甚至还可能从风险中获益。可见，风险并没有消解阶级，反而加重了贫富差距和阶级分化。

（4）风险的不可预测性

当今社会的风险很多来自对现代科技的应用。科技的不断革新，也代表着风险不断增加与改变，因此应随时预测新科技可能带来的影响。预测新科技可能带来的风险影响的确是一件极其困难的事情，再加上现代风险所产生的影响常常有迟延效应和混合出现的可能，更增加了寻找其原因和提出对策的困难。因此社会风险随着科技的不断革新不仅难以确认，而且连风险发生的后果也是难以预测的。国家已不再对风险的影响先知先觉，也不再是全知全能的化身。

案例

松花江污染案

2005年11月13日，吉林石化公司双苯厂一车间发生爆炸。截至同年11月14日，共造成5人死亡、1人失踪，近70人受伤。爆炸发生后，约100吨苯类物质（苯、硝基苯等）流入松花江，造成了江水严重污染，沿岸数百万居民的生活受到影响。爆炸导致松花江江面上产生了一条长达80公里的污染带，其主要由苯和硝基苯组成。污染带通过哈尔滨市时，该市停止供水长达5天时间，这无疑是一起工业灾难。2005 年 11 月 21 日，哈尔滨市政府向社会发布公告称全市再停水 4 天，“要对市政供水管网进行检修”。此后市民因怀疑停水与地震有关，所以出现了市民抢购消费品现象。同年 11 月 22 日，哈尔滨市政府连续发布两个公告，证实上游化工厂爆炸导致了松花江水污染，动员居民储水。同年 11 月 23 日，原国家环保总局向媒体通报：受吉林石化公司双苯厂爆炸事故影响，松花江发生重大水污染事件。

俄罗斯也因松花江水污染而对中俄界河黑龙江（俄方称阿穆尔河）造成的影响表示关注。中国向俄道歉，并提供援助以帮助其应对污染。新任的原国家环保总局局长周生贤 2006 年 1 月 7 日要求，松花江流域水污染防治工作做到要规划到省、任务到省、目标到省、资金到省、责任到省，确保沿江群众喝上干净水。

2005 年 11 月底，原国家环保总局称，这次污染事故负主要责任的是吉林石化公司双苯厂。原国家环保总局局长解振华因这起事件提出辞职，2005 年 12 月初，国务院同意他辞去局长职务，任命周生贤为局长。吉林石化公司双苯厂厂长申东明、苯胺二车间主任王芳、吉林石化分公司党委书记、总经理于力，先后于 2005 年 11 月底至 12 月初被责令停职，接受事故调查。

2. 风险社会对行政管理的考验

随着现代社会的快速发展，社会信任体系已从个人信任转为系统信任，表现为对有关专家的充分信任，专家们的知识成为人们获得安全感的重要基础。但如前所述，由于现代风险具有高度不确定性和不可预测性，专家在面临新风险时往往也难以对其做出准确的说明与预测，这又大大动摇了人们对专家系统的基本信任，加大了风险治理的难度。

传统风险治理机制的重点在于对客观风险和灾难的防范、预警和事后处理，对主观层面的问题较少涉及。但由于现代风险的隐形特征，它对社会的影响更多地表现在对人们主观风险认知的冲击。当人们对某种风险的知识极端缺乏时，他们心理上的不确定感会严重影响其对风险的认知、判断和评价，结果可能出现两种极端情况：要么惶惶不安，在极度恐慌和焦虑中采取各种各样的过度防护措施；要么听天由命，根本不采取任何措施。无论哪种情况都无助于人们理性地对待并防范风险，而人们一旦掌握了有关风险的必要知识，他们就会大大提高自我防范风险的能力。

传统风险治理体制强调科学知识和专家系统的重要性，认为依靠人类的“工具理性”就足以有效地防范和控制风险。但风险社会不仅是一种事实概念，也是一种文化概念。在风险治理的决策过程中，必须充分考虑文化、社会和价值因素，而不能以简单的因果思维或工程思维来进行决策。

由于现代风险的高度复杂性（超出了任何单一专家系统可以解释和控制的范围）和广泛影响性（波及每一个社会成员），因此风险治理的主体不能再像过去那样仅由政府来承担。在新的风险社会中，应该建立起双向沟通的新合作风险治理模式，在政府、企业、社区、非营利组织之间构筑起共同治理风险的网络联系和信任关系，建立起资源、信息交流与互补的平台，这样才可能充分动员一切社会力量，共同应对未来可能发生的风险。

对风险及其背后的不确定性危害的有效控制，正在成为人类社会日益扩大的公共物品需求。基于这样的风险社会，国家的角色定位需要重塑，即国家要成为一个现代系统风险的驾驭者。这一点对政府行政管理提出了新的要求，即从传统行政管理向风险管理转变，简言之就是政府应用风险管理的方式方法进行公共事务管理和公共服务供给。相对于传统的行政国家，风险国家需要以更加系统、开放和灵活的方式来解决复杂系统的风险治理。

二、风险社会对政府行政的挑战

1. 行政行为不当的法律风险

（1）规范性文件制定不当的法律风险

为了贯彻实施法律、行政法规，或者为了地方管理的需要，地方政府有权制定地方规章和规范性文件。地方规章、规范性文件制定的基本原则不得与法律、行政法规相冲突。但是在实践中，地方政府在制定地方规章和规范性文件时，或者缺乏必要的法律论证，或者是为了某种需要，有时存在违反法律、行政法规、超越职权、变通处理等情形。这种风险主要表现在：一是导致国家的法律、法规不能统一有效实施；二是政府职能部门执行这类规范性文件时，可能造成执法不当、执法错误的情况，具体行政行为一旦发生诉讼，经不起司法审查，存在败诉的风险；三是可能给企业、公民的经济、民事活动造成法律障碍。

（2）具体行政行为不合法的法律风险

具体行政行为必须符合法律、行政法规和地方性法规、规章的规定，这是具体行政行为的基本要求。具体行政行为的合法性原则，是依法行政、建设法治政府和构建和谐社会的必要条件，但实践中具体行政行为尚存在把关不严、定性不准、事实根据不足、适用法律不当，甚至不作为、乱作为、越权作为等情形。这些情况的出现，一是增加了政府行政诉讼败诉的风险，二是容易造成政府在某一领域的“信任危机”，三是行政相对人的权利难以得到保障。

2. 政府民事行为不规范的法律风险

政府的民事行为主要是政府作为民事主体主导和参与地方经济活动发生的行为，主要表现为政府主导和参与的投资融资、收购兼并、改制重组、合资合作、招商引资、项目建设、产权转让、政府采购等行为。

虽然在市场经济条件下，政府的职能面临着向社会管理和公共服务职能转变，但在我国区域经济发展不平衡的压力下，地方政府干预和直接参与地方经济的职能，在一定的时期恐难于转变，政府作为经济发展的主导力量恐难以弱化。从法律上讲，地方政府对经济活动的干预，一方面是通过制定地方经济政策来实现，这就必须遵循合法性原则，防止片面强调地方利益和区域利益的情形，防止出现地方保护主义等短视行为；另一方面是通过政府直接或间接参与经济活动来实现，即政府参与经济活动，必须遵循民商事法律原则，以适当的民商事主体身份参与，而不能采取惯用的行政方式来进行。实践中，有的地方政府对外招商引资、合资合作，盛行直接作为投资方与对方签署法律文件的做法，这是极不规范的；有的地方政府进行项目建设，从各个部门抽调人员以项目建设指挥部或者项目办公室的名义实施，项目建成后机构撤销了，人员也散了，这种做法既不利于项目的规范运作，也不利于对投资人和债权人的保护，因此隐含了巨大的法律风险。这些不规范的行为一旦发生诉讼，政府必然成为被告；一旦败诉，政府的财政部门就成为被执行的对象。

三、政府法律风险的成因分析

1. 管理体制问题

在现阶段，政府依法行政面临着诸多体制性障碍。政府行政管理体制与社会主义市场经济的要求还不完全适应；政府在市场经济条件下对经济调节、市场监管、社会管理和公共服务的职能没有全部到位，政企不分、政事不分的情况仍然存在；地方政府直接参与市场竞争的情形未能彻底改变，在较大程度上仍扮演了裁判者、参与者的双重角色，导致行政执法混乱，行政许可执行不力、行政复议流于形式，有法不依、执法不严、违法不究现象时有发生。

2. 决策机制问题

较之现代企业管理制度，政府行政管理缺乏必要的内部决策制度，更缺乏科学规范的内部决策程序，没有真正建立起行之有效的内部控制机制，仍然注重长官意志、领导指示。在做出行政决定之前，缺乏必要的证据收集和事实论证，缺乏必要的可行性分析和合法性分析，尤其在涉及公众性问题、专业性问题方面，缺乏公众参与或者不重视公众意见，缺乏专家论证或者不重视专家论证意见。在经济决策过程中，普遍存在经济效益分析有余，而法律风险分析不足的情况。这种缺乏合法性审查的决策，其实施的结果，往往会伴生大大小小的诉讼，导致项目成本增加和风险加大。

3. 法律意识问题

政府在计划经济时代长期形成的行政强势，在进入市场经济时代，并没有发生实质性的改变，固有的惯性思维使行政公权职能的转变异常艰难，以致依法行政、建设法治政府在长时间内很难有实质性的推进。在这一过程中，市场经济召唤的法律意识与政府固有的权力意识很难达到平衡，行政过程中无视法律、不依法办事甚至行政干预司法的现象难于遏制。意识支配行为，在行政管理、决策和处理具体问题的过程中，政府机关习惯于用权，而不善于用法；偏重于追求实体效果，而偏废于程序的规范性；偏重于执行领导指示，而顾及不到法律的严谨性。但权力最终还是要与法律见面的。在市场经济条件下，国家的法治进程并不因某些地方政府部门法律意识的薄弱而停滞不前，如果政府行政行为不转变思维方式，潜在法律风险就会日渐增多。

四、风险社会行政管控基本思维

党的十八大以来，以习近平同志为总书记的新一届中央领导集体面对我国整体转型升级中的风险问题，提出了一系列新的治国理政思想；以坚持和发展中国特色社会主义为主题，以实现中华民族伟大复兴中国梦为总目标，以打铁还需自身硬强调领导干部这个“关键少数”，以推进社会公平正义、实现人民福祉进一步凸显马克思主义政党的根本宗旨，进行顶层设计。这一整套框架体系是一个相互制约、相互促进、相得益彰的共同体。为了实现这一目标，强调问题倒逼改革，在全面深化改革中要利用好动力机制、平衡机制、治理机制来解决发展过程中的种种风险与难题，以实现又好又快的和谐发展来规避一系列社会风险。

1. 风险管控有据思维

政府行政风险规制必须依法防控。政府行政行为风险防控必须用法律制度予以固化，法治建设是风险防控的保障。例如，我国自 2013 年因“非典”制定的《突发事件应急预案管理办法》（国办发〔2013〕101 号）发布以来，全国现后制订了各级各类应急预案 130 多万件，涵盖了各类突发公共事件，并且“纵向到底、横向到边”，纵向贯通行政和各类组织层级，横向覆盖行政和社会层面，从而有效地保障了人民的生命和健康。

2. 风险管控比例思维

比例原则是指只有在公共利益所必要的范围内，行政主体才能够限制行政相对人的权利。不仅行政机关和司法机关在处理个案时要遵守比例原则，而且立法机关进行立法时，其限制公民权利的法律规定都必须考虑对权利的限制是否必要，是否成比例。而行政法意义上的比例原则注重的是实施公权力行为的“手段”与行政“目的”之间，应该存在一定的“比例”关系，不能为了所谓正当行政目的而不择手段。

3. 风险管控程序思维

政府风险管理要遵循必要法律程序和流程，通过风险管理流程，要达到三方面的成效：一是风险识别，客观评估，确定风险来源；二是风险内部控制，通过标准化等方式实现损失最小化；三是风险外部宣传，培育风险文化，实行全社会共同治理，争取群众的满意度最大化。

4. 风险管控公信力思维

政府风险管理在内部要恪守“公信力底线”原则。公信力既是抵御社会风险的基础，也是群众参与风险共治和对政府满意度提升的前提。检验政府风险管理工作的好坏标准是政府公信力的增减。在实践中，终身追责制是维护公信力的重要手段，通过对责任归属与问责的严格规定，实行严格的问责和追责，建立主要领导和负责人的终身责任制，做到无论年限长短，有关责任人都要受到追究，以此提升政府的公信力。

五、政府法律风险控制制度的构建

政府行政决策和管理可能遭遇法律风险，这是一个客观存在，也是无法回避的。有些地方已经意识到这一问题，也进行了一些有益的尝试，如在政府内部的法制机构中设置了法律顾问。国务院关于《全面推进依法行政实施纲要》要求：“各级人民政府和政府各部门要充分发挥政府法制机构在依法行政方面的参谋、助手和法律顾问作用。”政府设置法律顾问是政府防范、化解法律风险的有效方法，但必须有相应配套的法律风险控制制度做保障。地方政府法律风险控制制度的建立，应立足于以下方面来进行：

1. 地方规章、规范性文件的法律审查制度

地方政府规章和规范性文件大多由政府职能部门起草与讨论，往往缺乏合法性论证。建立地方规章、规范性文件的法律审查制度，目的是引入法律审查机制，由政府法制机构组织法律顾问对政府职能部门起草的法律文件进行合法性、冲突性审查，以保证地方规章和规范性文件合法、合规。

2. 建立行政处罚决定的审查备案制度

政府的行政处罚决定，大多由具备行政处罚权的职能部门做出，政府法制部门对处罚实践并不全面掌握，并且缺乏监督和指导。为避免这种情况出现，有关职能部门对重大的行政处罚案件，在做出决定之前，应当报请政府法制机构组织，让其法律顾问进行证据、事实、定性、适用法律方面的论证把关；对一般性的行政处罚，应在做出决定之后向政府法制机构备案。政府法制机构应当定期组织案件评查活动，加强指导和监督，以提高行政职能部门的执法水平。

3. 进一步完善行政复议制度

行政复议是政府对具体行政行为进行内部审查的一项法律制度，是政府内部层级的一项纠错和救济制度。为确保行政复议的正确性，应当引入法律顾问参与审查，对案件涉及的证据、事实、程序等问题进行审查。政府法制机构应当严格执行行政复议法律、法规，勇于履行行政复议职能，不护短，不掩饰，在审查案件过程中，充分听取法律顾问的意见，确保公正做出行政复议决定。

4. 建立政府重大决策法律论证制度

改革开放以来，为适应建立中国特色社会主义市场经济的需要，我国已经基本建立起符合中国国情的比较完善的法律体系。地方政府决策涉及地方经济、社会的方方面面，必然触及各个领域法律问题，比如国有企业改制重组、收购兼并、破产重整、企业国有产权转让等事项，涉

及资产处置、土地使用权处置、债权债务处置、职工安置等法律问题；政府合资合作、招商引资、项目建设等事项，涉及征地拆迁、建设招投标、谈判签约以及合同审查、起草、修改等法律问题。这些事项，如果缺乏法律审查论证这一环节，其合法合规性是难以保障的。这就需要政府在决策过程中相应引入法律论证机制，组织法律顾问对决策事项涉及的法律问题进行分析论证，确保决策内容的合法性、合规性，从而排除决策实施过程中可能遇到的法律障碍，避免可能发生的法律风险。

六、行政权力运行异化的风险及防控

1. 行政许可类廉政风险点及防范

流　程	表现形式	防范措施
受理相对人提出申请	（1）故意刁难申请人； （2）不按规定程序受理； （3）无原因超时办理； （4）不能一次告知所需材料； （5）不严格审查或故意让虚假资料通过。	（1）严格履行服务承诺制度，做到首问责任和一次性告知； （2）政务公开，明确工作程序、时限等，按照项目核准规定办理； （3）内部监督检查、投诉举报受理。
现场踏勘	（1）故意刁难申请人； （2）擅自降低检查标准； （3）现场检查结果的判断，不客观、不公正； （4）无原因超时办理。	（1）履行服务承诺制度，投诉举报受理； （2）量化检查标准，执行回避制度，多人参加现场踏勘。 （3）纪检跟踪督察； （4）内部监督，采取定期抽查制度。
科室审查	（1）违反程序、违规越权审核审批； （2）无故超期办理。	（1）严格监督检查制度，采取定期抽查、集体评议； （2）财务审计监督； （3）纪检监察制度；设立举报电话、举报箱和信访受理。

（续表）

流　程	表现形式	防范措施
领导审批	（1）擅自改变审查结论； （2）违反程序、违规越权审核审批； （3）对符合条件的不予批准。	（1）履行廉政承诺； （2）严格监督检查制度，采取定期抽查、集体评议的方法，发现并及时纠正审批过程中存在的问题。 （3）民主议事制度，集体决策； （4）纪检监察制度；设立举报电话、举报箱和信访受理。

2. 行政审批类廉政风险点及防范

流　程	表现形式	防范措施
受理相对人提出申请	（1）故意刁难申请人； （2）无原因超时办理； （3）不按规定程序受理； （4）不能一次告知所需材料； （5）不严格审查或故意让虚假资料通过。	（1）严格履行服务承诺制度，做到首问责任和一次性告知； （2）政务公开，明确工作程序、时限等，按照项目核准规定办理； （3）内部监督检查、投诉举报受理。
现场踏勘	（1）不执行回避制度，人员的调配不合理； （2）故意刁难申请人， （3）擅自降低检查标准； （4）现场检查结果的判断，不客观、不公正； （5）无原因超时办理。	（1）履行服务承诺制度，投诉举报受理； （2）量化检查标准，执行回避制度，多人参加现场踏勘。 （3）纪检跟踪督察； （4）内部监督，采取定期抽查制度。
科室审查	（1）违反程序、违规越权审核审批； （2）无故超期办理。	（1）严格监督检查制度，采取定期抽查、集体评议； （2）财务审计监督； （3）纪检监察制度；设立举报电话、举报箱和信访受理。

（续表）

流　程	表现形式	防范措施
领导审批	（1）擅自改变审查结论； （2）违反程序、违规越权审核审批； （3）对符合条件的不批准。	（1）履行廉政承诺； （2）严格监督检查制度，定期抽查、集体评议。 （3）民主议事制度，集体决策； （4）纪检监察制度；设立举报电话、举报箱和信访受理。

3. 行政处罚类廉政风险点及防范

流　程	表现形式	防范措施
立案	（1）徇私舞弊，应立案不立案； （2）玩忽职守，对不够条件的勉强立案，损害一方当事人利益； （3）超越职权，擅自销案。	（1）实行廉政、勤政承诺； （2）内部监督检查，对查处案件台账定期进行检查； （3）纪检跟踪督察，举报投诉受理。
对案件调查提出处理意见	（1）夸大或缩小取证的范围； （2）延长或缩短调查取证的时间段，直接影响案件货值的大小； （3）隐报、擅改调查结果； （4）办案过程中把关不严、事实不清、证据不足、做出错误处罚决定； （5）丢失、损毁证据； （6）以罚代管。	（1）服务承诺，回避制度； （2）内部监督检查，复查复审； （3）纪检跟踪督察，受理举报； （4）健全办案管理制度。

（续表）

流　程	表现形式	防范措施
报负责领导审批	（1）久拖不批或越权审批，无故拖延案件办理； （2）利用职务便利接受贿赂为当事人谋利益； （3）随意行驶自由裁量权； （4）法律法规运用错误； （5）该上案审会的不上案审会，少数人说了算。	（1）执行内部监督检查制度、纪检组跟踪督察制度； （2）严格层级审批制度，量化处罚标准； （3）严格执行听证程序，重大案件必须集体讨论； （4）严格履行服务承诺，政务公开、健全信访投诉举报受理制度。
实施处罚	（1）不按自由裁量权基准，随意予以行政处罚； （2）随意从轻或减轻处罚； （3）不依法履行重大案件处罚程序； （4）截留或私分罚没款物，使用丢失或损毁扣押的财物。	（1）严格按规定进行执法； （2）严格执行财务管理规定； （3）执行内部监督检查制度，纪检组跟踪督察制度； （4）严格执行行政责任追究制度。
制作结案报告负责人审批	（1）没有认真审查案件，造成审批和实际处理不一致； （2）结案没有按程序审批。	（1）对案卷处理进行查处，加强对处罚实施过程的监督； （2）加强政务公开，加强对台账检查。

4．行政强制类廉政风险点及防范

流　程	表现形式	防范措施
立案	（1）应立案不立案； （2）对不够条件的勉强立案； （3）超越职权，擅自销案。	（1）严格行政执法程序； (2)严格按照法规程序进行监督。

（续表）

流　程	表现形式	防范措施
调查、取证	（1）避重就轻调查取证。	（1）执行内部监督检查制度； （2）纪检组跟踪督察制度。
告知当事人拟做出强制决定的意见	（1）不进行告知； （2）不听取当事人申辩、不进行复议。	（1）严格政务公开制度； （2）健全信访投诉举报受理制度； （3）实行一次性告知制度； （4）实行申诉复议制度。
责令不改，做出处理意见	（1）事实、理由及依据不充分； （2）该上案审会的不上案审会，少数人说了算； （3）避重就轻适用法律，为当事人逃避处罚。	（1）执行内部监督检查制度； （2）纪检组跟踪督察制度； （3）严格层级审批制度，控制细化自由裁量权； （4）严格执行听证程序，重大案件必须集体讨论。
报负责领导审批	（1）久拖不批或越权审批，无故拖延案件办理； （2）擅自更改处理决定。	（1）严格履行党纪党规； （2）纪检组跟踪督察制度； （3）实行责任追究制度。
实施强制	（1）不按自由裁量权基准，随意予以行政强制； （2）随意变更查封扣押的决定； （3）私分、截留查封扣押的财物。	（1）对案卷处理进行查处，加强对处罚实施过程的监督； （2）加强政务公开，加强对台账检查。

5．行政给付类廉政风险点及防范

流　程	表现形式	防范措施
立案	（1）应立案不立案； （2）对不够条件的勉强立案； （3）超越职权，擅自销案。	（1）严格行政执法程序； （2）严格按照法规程序进行监督。

（续表）

流　程	表现形式	防范措施
受理相对人提出申请	（1）故意刁难申请人； （2）利用各种方法收取额外费用； （3）无原因超时办理，久拖不报； （4）不能一次告知所需材料； （5）不严格审查或故意让虚假资料通过。	（1）严格履行服务承诺制度，做到首问责任和一次性告知； （2）政务公开，明确工作程序、时限等，按照项目核准规定办理； （3）内部监督检查、投诉举报受理。
现场踏勘	（1）不执行回避制度； （2）擅自降低审查标准； （3）现场检查结果的判断，不客观、不公正； （4）故意刁难申请人； （5）无原因超时办理。	（1）履行服务承诺制度，投诉举报受理； （2）量化检查标准，执行回避制度，多人参加现场踏勘。 （3）纪检跟踪督察； （4）内部监督，采取定期抽查制度。
科室审查领导审批	（1）以权谋私，厚此薄彼； （2）擅自降低审查标准，帮助做假； （3）不召开党务会，擅自确定审查标准； （4）擅自改变审查结论； （5）对符合条件的不批准。	（1）履行廉政承诺； （2）严格内部监督检查制度。 （3）民主议事制度，集体决策； （4）纪检监察制度；投诉和信访受理； （5）加强财务审计管理。
分配方案上报和申请	资金发放不及时、不到位。	（1）银行打卡发放或直接发放到个人手中； （2）健全投诉、举报监督制度； （3）财务审计、纪检监察抽查到个人。

（续表）

流　程	表现形式	防范措施
资金发放或发证	资金发放不及时、不到位。	（1）银行打卡发放或直接发放到个人手中； （2）健全投诉、举报监督制度； （3）财务审计、纪检监察抽查到个人。

6. 行政确认类廉政风险点及防范

流　程	表现形式	防范措施
立案	（1）应立案不立案； （2）对不够条件的勉强立案； （3）超越职权，擅自销案。	（1）严格行政执法程序； （2）严格按照法规程序进行监督。
受理相对人提出申请	（1）故意刁难申请人； （2）利用各种方法收取额外费用； （3）无原因超时办理，久拖不报； （4）不能一次告知所需材料； （5）不严格审查或故意让虚假资料通过。	（1）严格履行服务承诺制度，做到首问责任和一次性告知； （2）政务公开，明确工作程序、时限等，按照项目核准规定办理； （3）内部监督检查、投诉举报受理。
现场踏勘	（1）不执行回避制度； （2）擅自降低审查标准； （3）现场检查结果的判断，不客观、不公正； （4）故意刁难申请人； （5）无原因超时办理。	（1）履行服务承诺制度，投诉举报受理； （2）量化检查标准，执行回避制度，多人参加现场踏勘； （3）纪检跟踪督察； （4）内部监督，采取定期抽查制度。

（续表）

流 程	表现形式	防范措施
审查审批	（1）擅自改变审查结论； （2）受申请人请托，违反程序审核审批； （3）无故超期办理； （4）对符合条件的不批准。	（1）履行廉政承诺制度； （2）严格监督检查制度，定期抽查、集体评议。 （3）民主议事制度，集体决策； （4）纪检监察制度；设立举报电话、举报箱和信访受理。

7. 内部重大事项廉政风险点及防范（人事任免）

流 程	表现形式	防范措施
立案	（1）应立案不立案； （2）对不够条件的勉强立案； （3）超越职权，擅自销案。	（1）严格行政执法程序； （2）严格按照法规程序进行监督。
职位空缺或调整	（1）不按规定进行民主推荐； （2）指定人员进行推荐； （3）搞跑关系拉选票等非组织活动； （4）暗箱操作。	（1）严格遵守“三重一大”民主议事制度，采取会议投票或个别谈话方式进行民主推荐； （2）坚持公开、公平、公正原则； （3）遵守纪检组跟踪督察制度，纪检监察参加会议，全程监督。
民主选拔	（1）党组会议走过场，没有民主决议； （2）擅改民主选拔结果。	（1）执行干部任免有关规定，党组、纪检组、办公室组成考察组，对拟任人选进行德、能、勤、绩、廉综合考察； （2）纪检监察人员监督指导。
确定考察对象	（1）不按规定要求组织测评； （2）篡改测评结果。	（1）纪检监察人员进行全程监控； （2）建立举报制度； （3）现场计票，公开测评结果。

（续表）

流　程	表现形式	防范措施
民主测评	（1）不采用票决制； （2）未超半数同意决定任用； （3）暗箱操作。	（1）严格落实票决制表决； （2）局党委会议决策制； （3）研究2名以上干部，请市委组织部派人进行督查。
形成考察材料	缺少廉政警示教育。	严格执行干部任前诫勉谈话制度。
决定任用人选	（1）不采用票决制； （2）未超半数同意决定任用； （3）暗箱操作。	（1）严格落实票决制表决； （2）局党委会议决策制； （3）研究2名以上干部，请市委组织部派人进行督查。
任前公示	不履行公示程序。	严格履行程序。
任前谈话	缺少廉政警示教育。	严格执行干部任前诫勉谈话制度。

8. 内部重大事项廉政风险点及防范（专项资金支配）

流　程	表现形式	防范措施
立案	（1）应立案不立案； （2）对不够条件的勉强立案； （3）超越职权，擅自销案。	（1）严格行政执法程序； （2）严格按照法规程序进行监督。
专项资金	（1）以权谋私、弄虚作假； （2）收受好处，厚此薄彼； （3）不符规定，擅作安排。	（1）严格执行内部监督检查制度； （2）严格遵守党风廉政责任制度； （3）对现场核查过程进行全程监控； （4）召开科务会，细化审查标准； （5）纪检组对审查结果采取定期抽查、集体评议的方法，发现并及时纠正审批过程中存在的问题； （6）严格执行责任追究制度。

（续表）

流　程	表现形式	防范措施
相关业务科室提出资金分配方案	审计不严谨。	（1）严格财物管理制度； （2）严格按标准审计； （3）严格执行财会工作制度。
财务审计	（1）擅自改变分配方案； （2）对符合条件的不批准。	（1）严格执行党风廉政责任制度，执行廉政承诺； （2）严格履行廉政勤政承诺； （3）严格执行纪检跟踪督察制度。
领导审批	（1）资金发放不及时、不到位； （2）资金挪用或占用。	（1）银行打卡发放或直接发放到个人手中； （2）健全投诉、举报监督制度； （3）严格专款专用，财务审计监督，纪检监察抽查到个人。
分配方案上报财政局和相关科室	—	—
下达指标进行分配	（1）资金发放不及时、不到位； （2）资金挪用或占用。	（1）银行打卡发放或直接发放到个人手中； （2）健全投诉、举报监督制度； （3）严格专款专用，财务审计监督，纪检监察抽查到个人。

9. 内部重大事项廉政风险点及防范（大额资金支配）

流　程	表现形式	防范措施
立案	（1）应立案不立案； （2）对不够条件的勉强立案； （3）超越职权，擅自销案。	（1）严格行政执法程序； （2）严格按照法规程序进行监督。

（续表）

流　程	表现形式	防范措施
大额资金支出	（1）虚编开支项目； （2）虚报、多报项目支出。	（1）严格执行资金预算制度，组成资金支出预算小组（由项目科室、财务、办公室、纪检组成），进行现场考察，会议研究，制定预算方案； （2）严格政府采购制度； （3）严格执行财会工作制度； （4）严格执行责任追究制度； （5）严格执行三重一大民主议事制度。
相关业务科室提出资金支出预算方案	审计不严谨。	（1）严格执行财会工作制度； （2）严格执行责任追究制度。
财务审计	（1）擅自改变资金预算方案； （2）对符合条件的不批准。	（1）局党组集体决策； （2）落实财务公开制度，接受民主监督。
领导审批	（1）受理不真实、不合法票据； （2）不按财务规定办理付款，票款不一致； （3）人情报销； （4）制作假账，贪污。	（1）严格执行财务管理制度； （2）严格执行会计人员管理制度； （3）实行财务审计制度，开展定期核查； （4）报销实行经办人、办公室主任、财务科长、分管领导、局长集体签批，层层把关； （5）纪检跟踪督察制度，纪检组全程监督。

（续表）

流　程	表现形式	防范措施
报销	（1）受理不真实、不合法票据； （2）不按财务规定办理付款，票款不一致； （3）人情报销； （4）制作假账，贪污。	（1）严格执行财务管理制度； （2）严格执行会计人员管理制度； （3）实行财务审计制度，开展定期核查； （4）报销实行经办人、办公室主任、财务科长、分管领导、局长集体签批，层层把关； （5）纪检跟踪督察制度，纪检组全程监督。

10. 内部重大事项廉政风险点及防范（物资采购）

流　程	表现形式	防范措施
立案	（1）应立案不立案； （2）对不够条件的勉强立案； （3）超越职权，擅自销案。	（1）严格行政执法程序； （2）严格按照法规程序进行监督。
提出物资采购请示	报虚假采购项目。	（1）对内公开、接受群众监督； （2）计划附市场物价表作为参考。
领导审批	（1）不按年度预算及实际财务状况审批； （2）重大采购项目不进行民主决策。	（1）落实财务公开制度，接受民主监督； （2）落实“三重一大”事项集体决策制。
物资采购	（1）收受回扣，以次充好； （2）照顾亲友，以权谋私。	（1）实行政府定点单位采购； （2）多家询价。

（续表）

流　程	表现形式	防范措施
物资入库	物资流失。	外购物品必须办理入库手续，先入库后分发。
物资发放	物资流失。	（1）遵守局财务管理制度，实行发放物品登记并建立台账； （2）实行部门领导签字领用。

第三章　行政决策中的法治思维

加强决策科学化和民主化是提高党的执政能力、永葆党的先进性的根本保障，也有利于形成科学民主的领导体制和工作机制。行政机关能否做到依法决策，直接体现依法行政水平的高低，直接决定着政府职能能否全面正确履行，直接关系到 2020 年法治政府基本建成目标能否实现。党的十八届四中全会决定提出，要健全依法决策机制，把公众参与、专家论证、风险评估、合法性审查、集体讨论决定确定为重大行政决策法定程序，确保决策制度科学、程序正当、过程公开、责任明确。各级行政机关要深刻领会这一要求的精神实质，健全完善依法决策机制，严格遵循重大行政决策法定程序，努力控制决策风险，切实提高决策质量。

案例

杭州市限牌案透支政府公信力

2014 年 3 月 25 日 19 点，继北京市、天津市、上海市、广州市之后，杭州市也加入了机动车限牌城市的行列。杭州市政府宣布，自第二日零时起，对小客车采取控制总量和“错峰限行”调整的双重措施。治理拥堵、减轻雾霾，本是为民好事，但突然出台的“限牌令”却让不少老百姓心里更加添堵，有网友称此举会损伤政府公信力。民生政策为何上演“半夜鸡叫”，为什么在政府宣布之前各大 4S 店的“小道消息”就已经漫天发布？政策发布为何突袭？

此前，杭州市已经多次出现即将限牌的传闻。每次的既定模式为：4S店发布即将限牌消息——杭州车市升温——政府相关部门进行辟谣。唯一不同的是，喊了多次“狼来了”以后，这次“狼”真的来了。有不少人对此心存质疑，为什么这次限牌也是“突然袭击”，只给大家留了5个小时的反应时间？杭州市民任君怡说：“不是说杭州公共交通体系以及路网建设尚不具备限牌条件，限牌之前也还有限行升级等治堵措施吗？怎么说限就限了呢？也太突然了吧。”杭州市政府相关部门负责人26日对此解释，发布会选择在晚上7点召开，学习的是“天津模式”。而此前的“辟谣”属于部分媒体和民众的误读。“之前媒体采访的都是杭州市治堵办，这个机构因为没有参与限牌的决策，因此回答‘不知道’、‘没听说’也很正常。但却被部分媒体和民众误读成了‘不会限牌’。”但杭州市公路交通局副局长陆献德3月25日晚在记者们的围追堵截下的解释却是：保密的最大原因是限牌“太过敏感”，为防止大家突击购车甚至突击购车囤牌，总结其他已推“限”城市的经验，选择“突然袭击”的方式更为保险。

谁走漏了限牌消息？杭州市政府称虽然限牌调研的参与人员多，但仍将追查消息是如何泄露的。从22日晚上开始，微信朋友圈、微博已经开始转发有关杭州限牌的信息，与以往限牌传闻不同的是，这次传闻给出了确切的限牌时间为25日或26日，而4S店也加大了宣传攻势。记者在杭州东新路、西溪路一带的汽车4S店看到“即将限牌，请速购买”的横幅于25日前就已经挂在大门口。从22日晚开始，一些4S店就已经将营业时间延长到晚上10点。万国长安福特4S店一位销售人员24日对记者说：“这回是动真格了，我们已经连夜把杭州周边城市的现车都调运过来了。”25日下午，记者手机开始陆续收到一些汽车4S店发来的短信，内容均为提醒零时即将限牌，欲购车请从速。也是在同一时间，网上开始出现杭州限牌的具体细节，甚至还有用手机拍下放到网上的文件照片。记者打听多家4S店相关负责人关于限牌消息来源时，回答为“交警”、“车管所”、“内部人士”等，不一而足。

对于谁走漏了限牌消息这一质疑，杭州市政府副秘书长朱云夫说：“杭州限牌的事情经过多次调研，历时久、参与人员多，信息很可能是在这些中间环节被泄露。无论消息是否真实，出于商业利益驱动，4S店都会乐意并且不断放出限牌的消息。对消息是如何泄露的，我们将会追查。”

杭州公路交通局称“二手车只能转让一次”限牌风声提前泄露，导致一些投机者闻风而动。日前，有网友向媒体爆料，有人在某微型面包车4S店一口气买了100多辆面包车，据说是为了囤牌。甚至有传闻说，购车者名下已经有800多辆车了，加上这次买的，“总数怎么也得上千辆了”。杭州翔通汽车有限公司沈半路店的销售人员确认了这一消息。这位姓张的销售人员说，早在20日，也就是杭州市政府宣布限牌消息前的5天，有一位金姓的顾客提出，一次性要在他的店内购买125辆长安之星商用车。“不过当时我们只有70辆现车，剩下的要从厂里调配。”记者问询后得知，长安之星这款车排量只有0.997升，售价仅为27000元，但恰恰是这款目前市面上能买到的最便宜的车，却符合上牌的条件。一位业内人士表示，“同等价格虽能买到二手车，但往往因为使用年限已很长，车况在过户交易时可能有无法过关的危险。”此外，这样的价格，还可以有效降低囤车者的资金占用风险。杭州旧机动车交易市场副总经理吴鹏宇也证实限牌传闻对市场的经营产生了较大的影响，“一是卖二手车的明显少了，很多人认为要限牌了，旧车先留着再说。”

行政决策是行政行为的起点，规范决策行为是规范行政权力的重点，也是法治政府建设的难点。政府决策是政府实施有效管理的首要环节和重要基础，其科学与否已成为决定政府行政管理成败的一个关键性因素。基层政府决策直接作用于基层群众，效果直接与基层群众的利益息息相关，从而影响到了社会各个领域。如何实现行政决策的科学化是各级政府普遍关注的问题。就我国而言，加强对行政决策科学化的研究具有现实意义。

一、行政决策理论概述

行政决策是一种极其重要的行政行为，涉及政治、经济、文化、教育、外交事务等一系列行政活动，其根本的目的是为了公众的利益。是否把群众根本利益放在第一位是行政决策成败的关键，科学行政决策不仅为行政管理工作打下坚实的基础，也是检验行政管理工作成效的重要依据。在行政管理的过程当中，如何避免政府决策失误是当前一项重要任务。

1. 行政决策定义

“决策”一词是现在管理学中广泛使用的一个重要的概念。这个概念的内涵是指人们根据对客观规律的认识，为一定的行为确定目标，指定并选择行动方案的过程。美国学者西蒙将决策概念引入行政领域，他认为管理就是决策，行政决策是行政管理的中心环节，是一个政府进行社会管理的灵魂。关于行政决策概念的界定，学界众说纷纭。一种观点认为行政决策是指国家行政机关及其工作人员在处理行政事务时，为了达到预定的目标，根据一定的情况和条件，运用科学的理论和方法，系统地分析主观和客观条件，在掌握大量有关信息的基础上，对所要解决的问题或处理的事务，做出决定。另一种观点认为行政决策是指具有行政决策权的机关或者个人依据国家法律、政策，为了国家和公众的利益，制定并选择行政方案的过程。综上所述，可将行政决策理解为具有法定权力的政府部门或者个人为了解决其所面临的问题，依据法律、政策而采取的行为设计和行为抉择过程。

行政决策较之其他各种决策有以下几个特点：①主体的特殊性，即行政决策的主体是拥有行政权力的组织和个人。②客体的广泛性，即行政决策的客体是广泛的社会公共事务，其结果具有普遍的约束力。③目的的非营利性，即行政决策以实现公共利益为出发点，均衡地协调社会利益和社会价值，确保社会公平和社会稳定。④依据的合法性，即必须依法决策。⑤地域效力的普遍性，即行政决策的结果具有普遍的约束力，决策执行具有强制性。

2. 行政决策发展的新趋势

政府决策是政府一项重要的工作，现代行政的新理念使行政决策出现转型，因此加大力度开展政府决策研究，探索行政决策科学化的有效途径已成为当今国内外新形势下政府决策的必然要求。

（1）由个人决策向集体决策转型

随着高科技的发展，决策环境和对象空前复杂，单凭个人经验已无能为力。现代决策的主体已经从个人转为集体，由最高领导者或领导集团在集思广益、民主协商的基础上做出决断，加以执行。

（2）由主观随意决策转向程序化决策转型

传统经验决策多为“拍脑袋”式的决策，主观随意性大，无程序可言。现代行政决策有严格的程序规定，一般由发现问题、确定目标，集思广益、拟订可行方案，分析评估、抉择方案，试点检验、修正完善，推广实行、总结评估等流程构成。

（3）由“谋”与“断”结合向“谋”与“断”相对分离转型

行政决策对象与环境日益复杂化，决定了传统决策方式与决策体制的根本转变。行政决策咨询子系统从行政决策中枢系统中分离出来，独立承担行政决策的调查研究、优选评估工作。实现由“谋”与“断”结合向“谋”与“断”相对分离转型。

（4）由“断”与“行”结合向“断”与“行”相对分离转型

现代社会，做决策日益成为行政领导者的首要职责，而决策的执行则越来越向下属或者其他组织转移，实现由“断”与“行”结合向“断”与“行”相对分离转型。

（5）由经验决策向日益科学化决策转型

愈是现代行政决策，技术性特征愈强。如行政信息的收集、处理、储存、检索，调查研究的统计、分析以及决策方案的评估、优化等，都涉及模型的创立和技术手段的运用，量化和技术化成为现代科学行政决策的一个标志。

二、现代行政决策体系

1. 行政决策中枢系统

中枢系统也称“行政决策中心”、“政府首脑机关”，它是领导和组织整个决策活动并对最后方案进行选择的领导集团，其重要任务是“断”。在我国，决策中枢系统的构成为：党的领导机关制定路线、方针、政策和确定目标；人大及其常委会依法制定法律，做出决议、决定；政府行政机关设计、初选方案，提出议案并负责执行。这三大机构在重大问题的决策上形成一个严整的有机配合的系统。

2. 行政决策信息系统

行政决策信息系统是指为行政决策中枢系统收集、加工整理并传输信息的服务机构，是由行政决策的信息处理成员、电子计算机及其他传输工具组成的人机系统。在行政决策组织体系中，它具有神经传递系统的作用，它和决策中枢系统共同构成“神经系统”，由情报部门、统计部门、档案部门、数据库、图书资料部门和咨询、监督、反馈部门组成。在我国，各级各类信息系统逐步发展起来并进行联网，如各种信息中心以及各办公厅的综合信息处等，在为行政决策中枢系统服务方面发挥着重要的作用。

3. 行政决策咨询系统

行政决策咨询系统是指由研究咨询人员组成的官方和非官方专门从事研究咨询活动的组织体系。它一般具有合理的智力结构，能够提供有见地的决策方案或者优选意见。在国外被称为“智囊团”、“思想库”、“脑库”等。当前我国各种研究咨询机构大批涌现并在行政决策过程中发挥着重要作用，如国务院研究室、国务院各部委和各省市政府设立的各调研中心与研究室等。

4. 行政决策审批控制系统

行政决策审批控制系统是指对行政决策和执行的情况进行监控，由行政决策中枢系统之上或之外的有权机构依法进行有效审批控制的组织体系。当前我国具有综合性监控职能的组织系统主要有：①全国和县级以上地方各级人大常委会，如全国人大常委会有权撤销国务院制定的同宪法、法律相抵触的行政法规、决定和命令；县级以上地方各级人大常委会有权撤销本级人民政府的不适当的决定和命令等。②中央和地方各级国家行政机关，如中央人民政府即国务院有权改变或者撤销各部委发布的不适当的命令、指示和规章，有权改变或者撤销地方各级国家行政机关的不适当的决定和命令；县级以上的地方各级人民政府有权改变或者撤销所属各工作部门和下级人民政府的不适当的决定。

三、行政决策遵循的原则

行政决策作为行政主体依据相关的法律法规和规章制度对日常政府事务做出的特定决策行为，其合法化问题日益成为民众普遍关注的问题。因此，新形势下探索对行政决策法律风险防控，有利于进一步提升政府公信力，提升政府机构的行政管理水平，从根本上为法治政府建设提供理论依据。

1. 合法性原则

实现政府决策科学化是保证政府决策准确性、降低决策失误概率的前提。这要求决策首先做到合法化。决策合法化要求行政主体制定、变更或者废止重大行政决策应当于法有据，在法定权限内，遵循法定程序。没有法律依据或法律授权不能决策。十八届四中全会通过的《中共中央关于全面推进依法治国若干重大问题的决定》指出："实践证明行之有效的，要及时上升为法律。实践条件还不成熟、需要先行先试的，要按照法定程序做出授权。对不适应改革要求的法律法规，要及时修改和废止。"

2. 合理性原则

重大行政决策的制定、变更和废止都应当以科学合理性为依归，以最大限度地代表和实现最广大人民群众的根本利益为目标。既要目标正确，又要手段和路径合乎比例。可以采用多种方式处理行政事务的，应当选择采用最有利的方式。应当注重建立、完善和活用利益均衡机制。

在追求国家和社会公共利益的同时，确保对公民、法人或者其他组织造成的损害降到最低，尽量避免二者之间有失均衡。

3. 风险评估原则

行政主体应当将风险分析方法导入重大行政决策，切实掌握并灵活运用利益均衡理论，建构相应的风险预测机制。充分考虑行政决策可能带来的危害及其危害程度，准确了解和把握社会、经济、文化、环境和生态等方面的状况，做好风险评估、风险管理和风险交流，切实做到趋利避害。

4. 参与性原则

重大行政决策的参与，包括公众参与、专家论证、部门间的协调等多个层面。部门间的协调和专家论证等也是科学合理性原则的内在要求，而民众参与则是重大决策民主化的重要内容。行政主体应当为公民、法人或者其他组织参与行政管理提供必要的条件，充分考虑并采纳其提出的合理意见，不予采纳的，应当说明理由。

5. 公开性原则

重大行政决策的规范依据、决策过程和内容应当公开，依法不予公开的，应当按照法定程序说明理由。除了决策相关的信息在官方网站上公开以外，还应当建立健全重大行政决策过程中所形成的卷宗申请公开制度，建立健全当事人查阅、复制证据和相关决定文书的制度等。

6. 信赖利益保护原则

非因法定事由并经法定程序，行政主体不得变更、废止和撤销已经生效的重大行政决策，并应当在其制定、变更、废止乃至撤销的全过程贯彻诚实信义和信赖保护原则，对公民、法人或者其他组织因信赖重大行政决策所遭受的损失进行合理补偿。

四、当前行政决策存在的问题及风险

随着法治政府建设的推进，我国各级政府积极推进决策的科学化和民主化，并取得了丰硕成果。决策观念有所更新，政府加强与公众的互动交流，广泛深入了解市场与公众的需求，制定科学的公共政策，建立行为规范、运转协调、公正透明、廉洁勤政的行政管理体制。决策制度逐步完善，建立了决策责任追究制度，使决策者认真负责地行使决策权，并组织好决策的执行，否则轻者受到相应的党纪和行政处分，重者追究刑事责任，直至追究直接领导与主管领导的责任。建立决策辅助机构，为决策层提供信息收集、咨询建议以及方案论证等。决策手段走向现代化，系统论、控制论、信息论等一批新兴理论为决策行为提供了新的方法论。互联网的发展，为科学决策开拓了更广泛的信息渠道。问卷调查、模型分析等方法也在决策过程中被普遍采用。

1. 行政决策存在的问题

多年来，各级行政机关在推进依法行政的过程中，积累了不少依法决策的好经验好做法，决策的法治化水平不断提高，但决策尊重客观规律不够，听取群众意见不充分，乱决策、违法决策、专断决策、拍脑袋决策、应决策而不决策等问题也时常发生，这些问题无疑损害了国家利益，侵害了群众权益，影响了党和政府形象。

（1）行政决策机制不完善

行政决策的民主化程度偏低、信息公开制度不完善、决策透明度不高等问题依然存在。决策程序不合理，方法不科学，领导干部拍胸脯保证、拍脑袋决策、拍屁股走人的“三拍”政策时常出现。

（2）行政决策制度不健全

行政决策往往成为政策部门的家事，公众参与公开决策的渠道狭窄，难以找到表达自己意愿的途径。专家咨询制度也不完善，有些机构名为研究所、信息中心，实际功能却蜕化成起草文件和报告的秘书班子。另外，由于行政体制造成的条块分割、部门所有，也在很大程度上影响了这些机构之间相互沟通，制约着他们作用的发挥。

（3）行政决策缺乏法律保障

行政决策的法律监督机制和决策后评价及责任追究机制，均没有明确的法律规定；决策评估体系不健全；没有做到真正地分工负责，领导职责权限不明确；“眉毛胡子一把抓”，工作上事无巨细。

2. 行政重大决策失误或不当的风险

作为政府各项工作的基础，行政决策正确与否，关乎政府工作的中心大局，关乎地方经济社会的健康发展，关乎人民群众的切身利益。有些地方政府领导人做出政府重大决策时不按照民主、科学、依法决策的原则进行，以至于各种名目的政绩工程、形象工程连连出现。决策失误的法律风险如下：

（1）被追究责任风险

我国刑法已明确规定“渎职罪”这一罪名，政府领导在重大决策过程中如果负有个人责任的，可能会涉嫌滥用职权或者玩忽职守罪等渎职犯罪。《中国共产党纪律处分条例》第一百一十七条规定：盲目举债、铺摊子、上项目，搞劳民伤财的“形象工程”、“政绩工程”，致使国家、集体或者群众财产和利益遭受较大损失的，对直接责任者和领导责任者，给予警告或者严重警告处分；情节严重的，给予撤销党内职务、留党察看或者开除党籍处分。

（2）引起恶性群体性事件风险

政府重大决策涉及面广，一旦决策不当，其造成的影响是巨大的，可能极大地损害相对人的合法权益，一旦相对人利益受损，往往会引发恶性群体性事件。这类事件的特点是参与人数众多、对抗性强、事态发展极易失去控制。政府在面对这类群体性事件时，往往缺乏有效的处理机制，从而陷入危机之中。

（3）降低政府公信力风险

政府重大决策利用的是公共资源，如果政府重大决策不当，那么人民群众必然会对政府“有看法”。如前几年各地的拆迁补偿问题，许多被拆迁户越级上访，其表现就是对政府的失望。一些地方政府甚至用违法的方式侵害公民、法人及其他组织的合法权利，这必然严重损害了政府威信。

（4）破坏经济社会发展风险

一些地方没有考虑到本地的经济发展水平，盲目上大批的形象工程、面子工程。这类决策没有考虑到经济规律和当地承受能力，给当地财政造成沉重的负担，致使政府该办的事办不了，从而严重地阻碍了当地的经济发展。

案例

政府乱盖章惹官司

1994年，广东省东源县公路发展总公司与深圳康达尔房地产开发公司签订经济合同，由康达尔公司投资1000万元给东源县公路发展总公司，用于205国道东源路段的改造工程，东源县人民政府为该合同作担保。就是这个担保让县政府惹火上身，吃了一回官司。当时的河源市郊区人民政府（现在的东源县人民政府）在经济合同上的担保单位处，违规盖了河源市郊区人民政府的公章。更可笑的是，在郊区人民政府改为东源县人民政府后，政府怕公章失效，还加盖了“东源县人民政府”的公章。1998年，东源县公路发展总公司因为种种原因致企业衰败，无力履行合同，被告上法庭，东源县人民政府因担保成为第二被告，被判对1200万元的债务负连带赔偿责任。2000年3月，法院判决生效已有一年零七个月，由于无法找到东源县公路发展总公司能够偿还债务的证据，深圳市中院曾5次找到东源县人民政府协调，但县政府无法还债，法院最后采取强制措施，决定对东源县人民政府的部分财产进行查封。3月22日，深圳市中院将未办理扣押手续的县委书记的车和车库查封，同时将已办扣押手续的县长的车开走。此事还上了中央电视台《焦点访谈》节目。本案例是典型乱作为带来的行政风险。

3. 重大行政决策失误原因的分析

行政决策是人、制度和技术三者相互作用而形成的，因而从根源上可以把政府行政决策失误的原因归为：因决策者素质造成的决策失误，因决策体制不健全造成的决策失误以及因决策技术落后造成的决策失误。有时一项错误的行政决策可能是以上几项因素交互的结果，它们并不是彼此孤立排斥的，而是有着密切的联系。

（1）决策者素质不能胜任岗位要求

由于决策是由人做出的，不可避免地在决策方案选择上存在自利意识。拥有公权的领导干部在决策中难免要面对个人利益与公众利益的权衡取舍。造成决策失误的个人原因有：一是出于私心以权谋私决策。通过决策为自己谋取私利，或是获取更多资源来提高本部门的物质待遇和办公条件，或是为自己的亲人朋友大行方便。二是随意盲目决策。主观臆断和草率决策，决策过程缺乏科学论证和系统的调查研究等，这样要么会导致政策不具连续性，政策前后不一致，要么不考虑成本效益，导致财政基金浪费。三是错误绩效观。例如，仅以 GDP 数字为导向的政绩观，经济建设盲目攀比，只想到“把蛋糕做大”、没考虑“把蛋糕做好”的问题，甚至违背中央大政方针进行乱决策。如果没有条件创造条件也要上，决策本身“先天不足”，那么耗资巨大的工程项目就会成为摆设，大量“面子工程”、“政绩工程”将会被推倒或搁置。因决策失误而“交学费”现象屡见不鲜。四是缺乏现代管理科学理论知识。在基层，“一”型普通学识干部多，“I”型专业学识干部少，拥有广博知识面的高“T”型人才非常稀缺。有些领导干部能力与职位不相符，缺乏对于科学决策的知识经验和技能。现在行政管理工作面对的不确定因素越来越多，事务间联系也日益复杂，领导干部必须要有扎实专业知识、协调控制本领，以及临危不乱、沉着冷静的心理素质。

（2）决策体制机制不完善

行政决策体制是政府正确行使决策职能，进行科学、民主、法制化决策的重要制度保证。造成决策失误的体制原因有：一是权力配置过分集中。一些地方和单位还存在家长式的人物，他们的权力不受限制，而且还要求别人唯命是从。正由于权力过分集中于决策者个人手中，公权过大又不受约束，导致了滥用权力、“一言堂”和“家长制”作风的蔓延，各种显失常理的“奇迹”决策、不顾人民利益的“面子工程”、“数字政绩”、“借债开发”等现象频出。二是决策运行机制不良。现代决策系统应该是由信息收集、参谋咨询、决策中枢、监督反馈等各子系统组合而成，且各系统分工明确，相互联系，缺一不可。如在决策时真实信息收集不全面和可行性方案遗漏，使决策丧失科学基础；参谋咨询作用的专家团体独立性不强；等等。三是决策程序不规范。科学决策要求必须规范化、程序化。科学决策程序包括识别机会、确定目标、拟订方案、选择方案、组织决策实施、决策的修订补充和评估决策几个步骤。在决策过程中，有些流程没有发挥应有的作用，如专家咨询会，在论证前有些领导心中早有先入之见，举行此类活动不过是走个过场而已。四是责任追究不力。权责一致是行政管理的基本原则。没有惩罚性的外部控制，手握公权力的人在决策时难免出现渎职或越权等行为。

（3）科学决策手段没有有效运用

在决策过程中，缺乏运用现代决策理论、方法、技术以及先进的科学技术；没有运用辩证思维，看不到事物的两面性；没有将系统方法论作为指导，看不到事务间的联系；没有进行深入地调查研究，缺乏实际可行性，没有试点就推广等。就决策技术而言，缺乏运用期望值法、头脑风暴法、德尔菲法、盈亏平衡分析法、边际分析法以及运筹学等。许多领导干部在决策时仅凭“想当然”，忽视运用计算机技术进行定量精细分析，缺少对信息的甄别，无法在众多复杂线索中“一针见血”地抓住事物的主要矛盾和矛盾的主要方面，因此决策失误自然就会发生。

五、改革行政决策体制机制的建议

深入推进依法行政、加快建设法治政府，迫切需要健全依法决策机制，出台统一的重大行政决策程序制度，明确重大行政决策事项、主体、权限、程序和责任，着力推动重大改革、重要规划、重大民生、政府重大投资和建设项目等重点领域决策的法治化，以科学、刚性的决策制度约束规范决策行为，切实提高决策质量，努力控制决策风险，及时纠正违法不当决策，不断增强政府公信力和执行力。

1. 提升决策者的法律素质

决策者素质是关系到决策质量和效率的关键。因此，要实现政府决策科学化，提高行政决策效率，必须培养和造就一批政治上合格、业务上过硬，有原则有活力，富于创新、开拓进取的高素质的行政决策主体。这就要求决策主体应自觉地掌握科学的决策理论和方法，尤其要提升法治思维能力，要在法律之下而不在法律之上进行决策。

2. 遵循科学决策的程序性思维

政府决策科学化，很大程度取决于政府决策程序及方法的合理运用。从某种意义上说，按程序办事，就是按规则办事，没有科学的决策程序，就难以形成科学决策。所以，决策程序的科学化是科学决策重要前提。如浙江省东阳市，以往市政府将政府投资重大项目计划提交市委常委会讨论研究后，再提交市人大常委会审议。如今，东阳市政府规定凡是超过 3000 万元的政府投资重大项目，必须首先经过市人大常委会批准。在对 2015 年的 34 个政府重大投资项目进行审查时，市人大常委会对其中 3 个倾向于改善形象性的项目提出不适宜开工建设的意见，市政府也接纳了建议意见，未将这 3 个项目提交市人大常委会审议。这既是人大监督从程序监督到实质监督的转变，也是决策程序法治化，从而进一步确保了决策的科学性。

3. 建立公众参与的决策思维

按照现代民主的理念，政府的权力来自人民的授权，政府应该代表人民的利益行使权力，而只有让人民群众充分参与政府的管理才能确保政府真正代表民意。与此同时，发挥专家学者优势，专家咨询机构和智囊队伍也是现代决策参与机制的重要组成部分，也是实现决策科学化、民主化的先决条件。

4. 树立决策信息公开的思维

将政府决策信息快速、方便、廉价、准确地传递给社会公众，减少公众为获取这些信息所需要付出的经济和时间成本，实现政府与公众双向、直接的沟通和互动，密切与公众的联系，是政府决策具有科学性的重要条件。政府决策信息公开，让人民群众享有知情权，不仅有助于政府做出科学的决策，也是建设和谐社会的要求。只有让公众广泛参与，公众拥有更多更大的话语权；只有让公众充分了解情况，公众话语才能有的放矢。这样才能更好地激发群众的积极性和创造精神，进而为政府决策的科学性提供更多宝贵的参考意见及建议。

5. 确立有权必有责的思维

为了防止政府决策的不良后果和错误决策的出现，提高决策效率，减少决策失误的出现，必须建立民主、开放、有效的行政决策监督机制。建立政府决策监督机制，其核心是对行政决策主体进行有力的民主监督，使其决策职权在监督下进行，把权力和责任有机结合起来，增强责任感。建立一整套决策监督机制，如政务公开制度、情况通报制度、监督检查制度等，对行政决策领导者是否依照法定职权和程序决策进行监督，对重大事项进行跟踪督查。

六、重大行政决策合法性审查制度

行政决策是行政机关为实现一定的行政目标，依据宪法法律和有关政策，就职权范围内的相关事项做出决定的行为过程。行政决策可以分为一般行政决策和重大行政决策。所谓“一般”和“重大”是相比较而言的，没有统一的标准。但重大行政决策必须是行政机关管辖范围内的重要事项，具有宏观性、基础性和全局性的特点。当前对行政决策如何进行法律控制基本上还是一个理论上的空白。有学者建议国务院抓紧出台重大行政决策程序条例。也有学者从制度衔接角度提出完善合法性审查制度。由此可见，当前需要从各个角度对重大决策合法性审查制度的地位、作用、程序以及与其他制度的关联性进行思考，为完善这项制度奠定理论基础。

1. 规范重大行政决策事项

国务院制定《重大行政决策程序暂行条例（征求意见稿）》第三条

对重大决策做了列举。该条例所称重大行政决策包括以下事项：（一）编制经济和社会发展等方面的重要规划；（二）制定有关公共服务、市场监管、社会管理、环境保护等方面的重大公共政策和措施；（三）制定开发利用、保护重要自然资源的重大公共政策和措施；（四）决定在本行政区域实施的重大公共建设项目；（五）决定对经济社会发展有重大影响、涉及重大公共利益或者社会公众切身利益的其他重大事项。一般来说，重大行政决策具体包括以下几方面的内容：行政立法和影响公民权利义务的规范性文件的制定；经济体制、行政管理体制、文化管理体制等重大改革举措；编制国民经济和社会发展规划、年度计划等经济社会发展的综合规划，以及编制城市总体规划、土地利用规划、自然资源开发利用总体规划、生态环境保护规划等专业规划；本级政府财政预算编制、重大财政资金安排、政府重大投资、重大国有资产处置以及重要民生项目；城市建设管理、基本公共服务和社会治理等方面重大事项；其他涉及重大公共利益调整或社会普遍关注的事项。重大行政决策事项具有时空性、呈动态状。不同的行政机关、不同的地域、不同的行业、不同的时期，甚至不同的敏感程度，对“重大”的定义也存在差别。同一项决策议题，在高层次行政机关的决策活动中可能只是一般行政决策，但对较低级别的行政机关则往往构成重大行政决策。因此，行政机关应当结合经济社会发展的实际情况，确定本机关重大行政决策的事项范围。

2. 重大行政决策法定程序

公众参与、专家论证、风险评估、合法性审查、集体讨论决定是重大行政决策法定程序的重要内容和步骤方法，行政机关必须严格遵守。

（1）扩大公众参与

公众参与是重大行政决策的社会基础，也是与群众关系最直接、最密切的决策程序。决策中的公众参与工作做得越实越细越透，越能夯实决策的社会基础，越有利于决策后的执行和实施。重大行政决策，要尽可能扩大公众参与面，既要广泛听取人大代表、政协委员、基层干部、群众代表的意见和建议，又要重点听取切身利益可能受到影响的多方面群体特别是弱势群体的意见。在方式的选择上，可以采取座谈会、听证会、问卷调查、实地走访等多种形式，有条件的地方可以尝试微博、微信等创新方式征集意见。行政机关要把公众意见认真梳理，合理意见要充分采纳，合法诉求要切实解决，重大分歧意见要反复协调磋商，防止公众参与流于形式。对有重大分歧的问题要加强研究论证、反复协商协调，对公众意见的采纳情况、理由以及政府的取舍意见和考虑要及时公开反馈，这样即使最终决策不能让所有人满意，大部分人也能释然接受。

（2）借力专家论证

重大行政决策，往往涉及经济、金融、科技、法律等方面专业性、技术性很强的问题，给科学决策带来一定的难度。科学决策不是要求行政机关工作人员成为事事通、样样行的科学家和专门家，而是要具备基本的科学思维，懂得把专业性、技术性问题交给专家，善于组织好专家进行科学论证评估，尊重专家意见，杜绝拍脑袋、凭感觉决策，或者局限于一时一地一事的个人经验决策。因此，行政机关要善于借力，把专业性、技术性问题交给专家论证，使专家论证成为重大行政决策的法定程序。建立决策咨询论证专家库，把专业能力强、实践经验丰富、职业操守良好的经济学家、法学家等各个领域的专家学者遴选到专家库。组织好专家进行科学论证评估，尊重专家意见，杜绝拍脑袋、凭感觉和经验决策。建立专家论证公开制度，通过公开机制促使其客观、独立、科学、负责地提出论证意见。

（3）搞好风险评估

把风险评估作为决策的法定程序，是防范决策风险、减少决策失误的重要举措，能够保证决策者在全面清醒认识决策负面影响的基础上进行决策。开展决策风险评估，要做到“应评尽评、综合评估、风险可控”。重大行政决策前，要组织排查风险源、风险点，对可能引发大规模群体性事件从而导致社会不稳定、严重污染环境和造成资源破坏以及存在经济安全等隐患的，都要进行风险评估。要根据风险评估情况，综合研判、确定风险等级，有针对性地提出风险防范措施和化解处置预案。在决策过程中，经评估认为大部分群众有意见、反应特别强烈、可能引发大规模群体性事件的，应当根据情况做出不实施的决策，或者调整决策方案、降低风险等级后再行决策。经评估认为风险可控、可以做出决策的，也要把握好时机，把风险防范和化解处置的责任与措施落实在决策之前。

（4）注重合法性审查

重大行政决策的合法性审查是行政机关的内部程序，其审查职责由政府及其部门的法制机构承担。合法性审查主要包括决策事项是否于法有据、决策程序是否依法履行、决策内容是否合法。将合法性审查作为决策法定程序，要求法制机构主要从以下方面全面审查决策涉及的法律问题，提出审查意见：一是决策事项是否于法有据，经审查认为不属于决策机关法定职权范围的，建议不决策或者按照规定提请有权机关进行审批、依法授权。二是决策程序是否依法履行，未履行法定程序或者履行程序不符合规定的，建议补正或者重新履行相关程序。三是决策内容是否依法合规，经审查认为决策方案、备选方案或者风险防范化解处置措施等不符合有关法律、法规、规章及国家政策规定的，建议进行修改。未经合法性审查或者经审查不合法的，不得提交会议讨论。

（5）坚持集体讨论决定

集体讨论决定是重大行政决策程序的核心和关键，是落实行政首长负责制的必要制度形式，有利于行政首长更加全面了解情况，集思广益、科学决策。重大行政决策应当由政府常务会议、全体会议或者部门领导班子会议讨论决定。集体讨论决定前，会议组成人员要熟悉情况，充分了解决策依据和公众、专家意见的处理以及风险评估情况；会议讨论时，要充分发扬民主，会议组成人员要充分发表意见，防止行政首长“一言堂”。坚持集体讨论决定，要求行政机关做到：一是审议形式符合法律规定。重大行政决策应当由政府常务会议、全体会议或者部门领导班子会议讨论决定。二是审议过程充分发扬民主。审议过程不能成为会议组成人员的“点头会”和行政首长的“一言堂”。承办单位要介绍决策方案及其法律法规政策依据、履行决策法定程序的有关情况、各方面提出的不同意见及研究处理情况等，会议组成人员要充分发表意见。行政首长和其他会议组成人员的意见、会议讨论情况和决定应当如实记录。

（6）强化重大行政决策责任追究

在重大行政决策中，出现了很多华而不实、劳民伤财的政绩工程，甚至为牟取私利引发官商勾结等贪腐问题。因此，建立终身责任追究制度很有必要。不论时间、空间如何变化，也不管是在岗在任、还是转岗升迁或者退休，都要一查到底，为错误的决策付出代价。责任追究制度不完善、落实不到位，科学民主依法决策就是一纸空文。十八届四中全会决定指出：“建立重大决策终身责任追究制度及责任倒查机制，对决策严重失误或者应该及时做出决策但久拖不决造成重大损失、恶劣影响的，严格追究行政首长、负有责任的其他领导人员和相关责任人员的法律责任。”决定要求，坚决纠正不作为、乱作为，坚决克服懒政、怠政，坚决惩处失职、渎职。重大行政决策追责重点主要是两种。一种是不尊重客观规律、不听取群众意见，无视决策风险，乱决策、违法决策、专断决策、拍脑袋决策，造成决策严重失误；一种是懒政、怠政，患得患失，应该依法及时决策而久拖不决造成重大损失和恶劣影响。行政机关要建立决策案卷制度，完善决策过错认定标准，实行重大行政决策的绩效评估机制，使责任倒查机制落到实处。《中国共产党纪律处分条例》第一百一十七条规定：盲目举债、铺摊子、上项目，搞劳民伤财的“形象工程”、“政绩工程”，致使国家、集体或者群众财产和利益遭受较大损失的，对直接责任者和领导责任者，给予警告或者严重警告处分；情节严重的，给予撤销党内职务、留党察看或者开除党籍处分。完善和发展政府决策失误的领导责任追究，不仅要提升领导者的责任意识，促使其正确看待自己手中的权力，还要加快法律法规的建构、操作层面的规范及相关配套制度的完善等。而真正意义上的责任追究，既来自制度的硬规定，也来自民众与舆论的软压力，更来自领导者自身的道德自觉以及更为深厚的政治氛围。相信随着我国政治体制改革进度的加快，相关法律、制度的不断健全，社会大众法律意识的普遍提高，有关政府决策失误的领导责任追究制度会得到有效的落实，从而最终实现府政决策的科学化。

第四章　行政执法中的法治思维

在社会矛盾凸显期，行政执法面临着许多复杂的矛盾和问题，如何正确认识行政执法过程中面临的矛盾、问题和困境，如何运用法治思维和法治方式适应社会矛盾凸显期对行政执法的要求，寻求有效化解矛盾的路径，是摆在执法部门面前的一项十分重要的课题。

案例

车主夫妻不满3万超限罚款而服毒自尽

2014年11月24日下午，因不满商丘市民权县罗庄公路超限站处罚决定，河南永城籍货车车主张高兴和妻子侯燕喝下了农药。张高兴在送往医院的途中死亡，侯燕仍在医院治疗。民权县提供的材料显示：2014年9月27日，车牌为豫N77607的货车行驶至310国道民权县罗庄超限检测站时，强行闯卡，被执法人员拦停后，经检测称重，该车货总重为114040公斤，超限率为107%。司机李红磊在超限检测单上签字确认并按有手印，但没有接受处理并锁上车门自行离开。事后，该车车主张高兴电话联系超限检测站，要求不卸货放车，遭到超限检测站拒绝。11月24日，张高兴与妻子侯燕及古继伟（现聘司机）到民权县罗庄超限检测站进行交涉，再次要求不卸货放车，而超限检测站严格要求卸货，双方意见未达成一致，张高兴夫妻的要求没有得到满足，随后在超限检测站检测辅道旁拿出随身携带的农药喝下。民权县人民医院急救车还在接诊途中时，车主张高兴就已经停止呼吸，其妻侯燕经抢救，暂时脱离生命危险。据张高兴的朋友古华伟介绍：张高兴的车因超限超载被要求卸货并罚款3万元。张高兴考虑到若卸货后所运输电煤的封条将被揭去，届时会影响交货，自己将损失10多万元，于是张高兴不同意对方开出的处罚。张高兴多次请求“只罚款不卸货”，但一直未果。11月24日，在与罗庄超限站再次协商未果后，张高兴和侯燕情急之下服下农药。古华伟说，张高兴是贷款买的车，目前每个月还贷1.2万元。车被扣了两个月，一单生意都没做，他心里十分着急，最终酿成上述惨剧。

交通运输部、公安部2017年联合发出《关于印发规范公路治超执法专项整治行动工作方案的通知》。专项整治行动将全面梳理治超领域的执法内容，按照通知中规定的“十不准”纪律的要求，查处一批违反工作纪律和工作规程的执法行为，及时曝光影响恶劣的典型案件。健全完善“八项制度”，加快推进治超联合执法常态化、制度化，促进公路治超执法工作的科学化、规范化和法治化，进一步提升人民群众获得感和满意度。“十不准”纪律包括：不准制定和执行与全国统一超限超载认定标准不一致的地方标准；不准无执法资格人员实施行政处罚、行政强制措施等执法行为；不准超出法律法规规定的范围实施行政检查和行政处罚；不准制定和执行罚款收缴合并的制度；不准利用职务便利，以各种形式收受当事人及其委托人的财物；不准对同一违法行为进行重复罚款；不准对违法超限超载车辆只罚款不卸载；不准违规收取超限检测费、停车保管费、通行费等费用；不准超期扣留违法超限超载车辆不做处理；不准在公路超限检测站以外现场处罚车辆超限超载违法行为，原则上所有对货车超限超载违法行为的现场检查处罚一律引导至公路超限检测站进行。通知还明确了“八项制度”：违法超限超载车辆未卸载到位不得放行；车货总质量超过限定标准的违法统一由公安交管部门实施处罚；严格规范罚款处罚；罚款收缴分离；行政执法公示；执法过程全记录；重大执法决定法制审核；运政人员不再单独上路检查货运车辆。

行政执法是行政机关履行政府行政管理职责、进行社会管理、服务人民群众的最基本方式之一。行政执法的成效在一定程度上影响经济社会发展的进程。随着国家民主法治建设的不断深入，公民、法人和其他组织的法治观念和维权意识的不断增强，对行政执法机关及执法人员的执法行为提出了更高的要求，行政执法机关和执法人员面临的执法风险也越来越大。执法风险一旦发生，将影响法律的正确实施，严重损害执法机关的权威和公信力，执法机关和执法人员也将承担相应的责任，甚至会引发社会矛盾。因此，必须高度重视和正确对待执法风险这一重要问题，必须切实抓好行政执法风险防范工作，以确保执法取得良好的法律效果和社会效果。

一、行政执法风险的界定及类型

行政执法风险是行政执法机关及其执法人员在执法过程中，由于人为或客观原因给执法对象和社会造成危害而面临的被司法、纪检监察部门追究责任的潜在危险。行政执法风险可分为法定风险与非法定风险两大类。前者又可分为政治风险和法律风险，其中，政治风险来源于纪委和监督的执纪问责，法律风险来源于各级纪检监察、人民检察机关的法律责任追究。后者则可分为不特定的社会风险和特定的伤害风险，其中不特定的社会风险包括基层群体性冲突与舆论监督，特定的伤害风险包括职业报复、群体报复和人格丑化。根据发生执法风险后行政执法机关和执法人员可能承担的责任类型划分，行政执法风险的类型有党纪政纪责任风险、行政赔偿责任风险、刑事责任风险。

1. 党纪政纪责任风险

行政执法人员在执法过程中，可能因故意或过失违反党纪政纪，而受到党纪政纪处分的危险。这类行为主要包括行政执法人员工作马虎，不认真负责；不按规定执法，野蛮执法；不廉洁执法，以权谋私，搞权钱交易。《中国共产党纪律处分条例》第一百一十二条规定有下列行为之一，对直接责任者和领导责任者，情节较轻的，给予警告或者严重警告处分；情节较重的，给予撤销党内职务或者留党察看处分；情节严重的，给予开除党籍处分：（一）超标准、超范围向群众筹资筹劳、摊派费用，加重群众负担的；（二）违反有关规定扣留、收缴群众款物或者处罚群众的；（三）克扣群众财物，或者违反有关规定拖欠群众钱款的；（四）在管理、服务活动中违反有关规定收取费用的；（五）在办理涉及群众事务时刁难群众、吃拿卡要的；（六）有其他侵害群众利益行为的。第一百一十六条规定有下列行为之一，对直接责任者和领导责任者，情节较重的，给予警告或者严重警告处分；情节严重的，给予撤销党内职务或者留党察看处分：（一）对涉及群众生产、生活等切身利益的问题依照政策或者有关规定能解决而不及时解决，慵懒无为、效率低下，造成不良影响的；（二）对符合政策的群众诉求消极应付、推诿扯皮，损害党群、干群关系的；（三）对待群众态度恶劣、简单粗暴，造成不良影响的；（四）弄虚作假、欺上瞒下，损害群众利益的；（五）有其他不作为、乱作为等损害群众利益行为的。所以乱执法要受党纪处分，存在党纪政纪责任风险。

2. 行政赔偿责任风险

行政执法机关在执法过程中，可能因侵犯执法对象人身权利或财产权利，而承担赔偿责任的危险。《国家赔偿法》规定了行政机关及其工作人员在行使行政职权时因侵犯行政相对人的人身权和财产权而应承担赔偿责任情形。行政赔偿虽由赔偿义务机关向受害人赔偿，但根据《国家赔偿法》相关规定，赔偿义务机关在赔偿损失后，应当向具有该法条规定情形的工作人员追偿部分或者全部赔偿费用，因此，执法人员也面临承担赔偿责任的风险。

3. 刑事责任风险

刑事责任风险是行政执法人员在执法过程中，可能因故意或过失触犯刑律，而受到刑事处罚的危险。《刑法》规定了与行政执法有关的罪名，如玩忽职守罪、滥用职权罪等，也规定了与利用职务有关的罪名如贪污罪、受贿罪等。

二、行政执法风险的不良影响

行政执法是行政管理工作的重要组成部分，当下行政执法过程中出现诸多矛盾，有的表现还相当激烈，尤其在城管执法领域，执法人员与被执法者之间的冲突屡屡发生，暴力执法频频出现，严重背离了和谐社会构建的目标，危及社会稳定和干群关系，进而影响党和政府在人民心目中的形象，破坏改革发展稳定的大局。

1. 严重影响执法的公信力

执法公信力体现了行政执法机关的权威性、信誉度和在公众中的影响力以及人们对法的信仰和遵从。执法机关公信力越高，社会公众对执法机关的信任度就越高。执法机关公信力体现在执法公正性上。执法机关只有严格依法客观公正执法才会得到社会大众对执法行为的信任以及对执法结果的遵从。在“以人为本”、“严格执政”的今天，野蛮执法、粗暴执法这些行为已经严重影响了干群关系，影响了政府和老百姓之间鱼水之情，玷污了执法部门的形象，贬低了政府部门的威信。发生行政执法风险必然削弱法律的严肃性和权威性，降低社会大众对执法机关的信任度，进而势必影响法律的顺利实施。

2. 严重影响执法的效率

行政执法是实现国家行政管理的重要方式，是国家行政管理的具体措施和有效手段。执法人员工作主动性和积极性是执法机关履行职责的根本保证。发生行政执法风险，不利于充分调动执法人员的主动性和积极性，执法人员可能因为执法风险的存在对执法工作有畏难甚至畏惧的心理，这将导致执法人员消极执法，甚至不愿执法的严重后果，进而影响行政执法机关正常履行管理职责。

3. 可能引发社会网络舆情

当前我国正处于社会转型期，由于涉及社会各阶层的利益不断地进行重新调整和分配，因此不可避免会产生一定的社会矛盾。如果忽视执法风险，没有正确的权力观，执法不是以理服人，不以人为本，而是以权压人，执法简单粗暴，极可能让执法对象产生抵触情绪，甚至暴力抗法，这样可能引发社会矛盾，导致正常的行政执法行为演变为执法事件，甚至发展成为社会事件，不利于和谐社会的建设。

三、当前行政执法面临的主要困境

1. 正确认识行政执法面临的困境

近年来，随着行政生态的急剧变化，行政执法面临着很多新的情况、问题和挑战，尤其是在所谓“维稳”压力之下，执法者和执法机关必须考量诸多法外因素，法治权威在不少执法领域受到不同程度削弱，法治权威不彰则又衍生出不少新的矛盾和问题。行政执法的困境是中国社会急剧转型的过程中出现的矛盾，它同中国社会现实存在的社会矛盾和问题密切相关。由于长期以来所积累的社会矛盾问题在短期之内很难出现根本性的好转，与此同时现代化进程中一些常见的社会矛盾问题不可避免地陆续出现，所以，行政执法的困境必然会长期存在，执法部门需要转变观念，把它当成中国社会转型时期内的一种常态现象来看待。同时，要坚定信心，相信中国社会能够解决这些社会矛盾，行政执法面临的困境也必然会随之得到根本的解决。党的十八大报告强调要以法治思维和法治方式深化改革、推动发展、化解矛盾、维护稳定，这是行政执法领域如何坚持以法治思维破解执法困境的指导方针，值得我们高度重视。要正确认识行政执法面临的矛盾、问题和困境，运用法治思维和法治方式，适应社会矛盾凸显期对行政执法的要求，寻求有效化解的路径，实现突破和转变。

2. 执法面临的主要困境

(1) 法律要求与社会现实不耦合的困境

按照法定程序依法行政，达到维护公共利益和服务社会的目的是行政执法的重要功能。“有法可依、有法必依、执法必严、违法必究”是对行政执法的要求，是法治社会的价值追求。但是，在实践中，存在着一些法律规则要求与社会现实要求不相适应的情况，比如立法滞后、法律规范缺乏操作性等，导致执法者或相对人的漠视、规避甚至拒绝执行，行政执法进而出现进退两难的困境：要么法律规则受到挑战而致权威流失；要么因为政府“铁腕”执法而使执法的经济和社会成本变得难以承受，甚至引发社会的不稳定和冲突。在执法实践中，面对执法困境，一些执法部门或执法人员通常采用的策略选择是“睁一只眼，闭一只眼”，更多的是采用“突击式”、“运动式”、“选择式”执法。一方面是执法者尽力维护法律“尊严”；另一方面执法者在执法过程中掺杂个人利益，使执法人员陷入了执法模糊困境之中，执法公正受到冲击。例如，有的执法人员迫于权势“不敢为”，有的执法人员因无利可图“不愿为”，有的执法人员得过且过“不思为”，有的执法人员则是因为监督不力“不必为”，甚至出现“以罚代管”、“趋利执法”、“滥用自由裁量权”、“权力寻租”、“增加相对人的义务”等严重违反法律的现象，这既损害了执法人员的自身形象，也造成了社会公众对行政执法的反感。

（2）执法扩展与资源有限的困境

行政执法具有命令性、强制性和单向性的权力属性，与政府管理效能的要求相吻合，行政执法成为政府管理社会最便捷有效的途径。随着社会发展，政府管理的对象和管理事务不断增加，行政执法的机构、人员、责任也随之不断扩展，形成执法膨胀。行政执法陷入两难的困境：一方面，为了应对日益剧增的行政管理事务，执法主体不得不通过增加人员、编制，或者购买服务等各种方式自行增量；另一方面，执法增量往往赶不上行政管理事务的增量。由于执法膨胀与有限执法资源不匹配的矛盾，在执法实践中，就出现一些执法机构相互推诿扯皮，重权力、轻责任，有利则上，无利则推以及重实体轻程序、重结果轻过程的现象，以执法的有效性绑架合法性，从而造成执法权威下降、执法效能减弱、执法成本攀升、执法权力滥用。

（3）维护稳定与坚守法律底线的困境

在当前形势下，“稳定”已经成为有些地方执法者必须考虑的一个关键因素，执法者必须权衡执法行为是否可能引发当事人的信访、群体性聚集、暴力抗法等情况。执法者时常需在“优先平息事态”还是“严守法律底线”之间做出选择。在很多个案中，违法行为客观存在，其相应的处罚规定也十分明确，但执法者必须考量法律以外的其他因素，结果往往是执法机关一味退让。在执法过程中，一些执法部门往往崇尚“摆平就是水平”，“搞定就是稳定”，“无事就是本事”，“人民币解决矛盾是人民内部矛盾”的思想，导致执法行为产生异化。无论是以上哪一种策略，都必将对政府的行政管理产生危害，因法律底线的失守，造成正常的秩序和规则体系的破坏，从而陷入一种社会的恶性循环之中。从实践层面来看，对于所谓“涉稳”案件，有的执法部门也探索形成了一些行之有效的办法，确实也能够化解一些矛盾和冲突。但其中有些做法是人治思维和人治方式的产物，如“领导批示”、“花钱买太平”、“打折式处罚”等，这些措施和手段在某种程度上可能很有效果，但是由于法律边界不断被破坏，致使法治不彰，导致了更大的问题。

（4）执法主体与相对人对立的困境

在社会转型过程中，社会积累了大量矛盾。一些执法部门不同程度地存在着信用下降的状况，政府的执法公信力遭遇不同程度的损害。反映在行政执法层面上，就是执法环境的恶化，陷入执法主体与相对人相互不信任的对抗状态。一方面，社会和民众对执法持抵触情绪，不支持、不配合，甚至暴力抗法，有时还会危及执法人员自身的安全；另一方面，执法主体认为相对人“素质低”，没有法治意识，执法环境复杂，执法难。在对待相对人的态度上表现为不信任，同时在执法行为上体现为粗暴执法，漠视保护相对人的正当权利。

总之，在体制内外压力下，一些执法机关采取的措施和手段往往违背法治精神：或者无视法律规定和公民权利，“以非法手段制止当事人非法行为方式”，或者推翻原有执法决定、对违法行为不做处理，或者针对谈判博弈、上访博弈、集群博弈、破坏性博弈和个人极端行为，采用“亲民路线”、“经济万能”、软硬兼施、计谋策略等非法律应对手段。在执行中，这些非法律手段因为缺乏依据、缺少监督而日益异化，最终是“双输”格局，少数人占用大量行政资源并获得了不合理利益。这样，执法中的本位主义、实用主义、机会主义逐渐占了上风，行政执法走形是必然的结果。

四、执法困境中的法治原则

1. 法律至上原则

“法律至上”是指整个社会调控系统中，与其他社会规范比较，法律具有最大的权威和最高的效力，任何组织和个人都必须服从法律。严格依法办事，是法治的核心内容。就行政执法而言，行政执法主体必须在思想上真正认识到法律的最高权威性，把公正、公平实施法律作为自己的唯一天职。首先，提高领导干部和行政执法人员的法治思维和能力。改变“法律只治百姓”的观念，切实把法治作为治国理政的基本方式。坚持法大于权，自觉地在法律之下开展工作。其次，要继续完善行政立法，使行政法律法规更具有严密性和可操作性，更加有效地规范执法权。要加强法规、规章和规范性文件的定期清理制度，确保法制统一。最后，要优化执法环境。加大法制教育力度，提高公民的法律意识。深化法律宣传机制，通过各种渠道和各种形式传播法律知识，让执法人员和广大公民都明确自己的权利、义务、责任，积极营造全社会“办事依法、遇事找法、解决问题用法、维护权益靠法”的法治氛围，努力形成“有法必依、执法必严、违法必究”的法治共识。

2. 以人为本原则

保障公民的权利，是法治的出发点和归结点。行政执法人员在行政执法时，能否坚持以人为本，把人民的正当合法权益放在首位，是衡量政府法治化程度最重要的价值尺度，也是行政执法最重要的目标。首先，要积极推进行政执法信息公开。知情权是维护当事人合法权利的一个重要步骤。信息公开制度能够保证公民知情权的实现，尽可能减少秘密行政。为此，行政执法主体在行使行政权力的过程中，应当主动将行政执法的依据、内容、过程和结果向行政相对人和社会公众公开，同时，应当进一步公开行政执法中涉及的文件、资料和信息情报等。其次，要高度重视行政执法中的公众参与。在行政许可、行政强制措施等执法中，公众参与在客观上能大大改善政府的决策和治理水平，提高政府决策的合法性，更容易减少社会纠纷风险，实现以人为本。现阶段，有必要建立具体细致的制度，如听证制度、评估制度等，保障公众在行政执法中的参与权，促使行政执法更加符合人类理性。最后，要探索更加有效、文明的执法方式。在法治社会条件下，行政权力的行使必须重视公民的同意、认同要素，强调与相对人的合意与合作，所以必须改变传统的以禁止性或惩罚性为主的简单执法方式。一要坚持教育与处罚相结合、以教育为主的原则，坚持执法说理式，把疏导与治理、治本与治标有机结合。二要根据情况考虑人的基本权利保护，尽量避免采用损害执法相对人合法权益的方式，仅采取必要、适当的措施和手段。三要加强与行政相对人的沟通、协商和合作，通过行政互动和相互配合，共同完成行政执法任务。

3. 公平正义原则

客观公正是行政执法有效性的灵魂，缺乏公正性执法是不会得到执法对象认可的。首先，要坚持法律面前人人平等。执法中，对所有社会成员要一视同仁，对任何公民和组织的合法权益都要平等地予以保护，不得厚此薄彼；对违法行为都要平等地依法追究法律责任，不得畸轻畸重；对同样的情形，都要做出同等处理，做到不偏不倚，不徇私，不枉法。其次，要完善程序规则。程序公正是公正执法的前提，是确保行政相对人合法权益的重要保证。第一，要坚持回避原则。凡与案件有利害关系并可能影响案件公正处理的行政执法人员，都要进行回避。第二，要保障当事人的陈述权、申辩权和获得听证的权利。在做出对行政相对人有重大影响的决定时，必须直接与相对人及利害关系人进行“对话”，听取相关当事人的意见和辩驳。第三，行政执法机关负有说明义务。在做出具体行政行为时，应向行政相对人说明行政执法决定的事实依据和法律依据。第四，集体讨论制度。重大的行政执法事项应当由执法机关集体讨论决定，防止执法不当。第五，要规范自由裁量权。自由裁量权广泛存在于行政执法之中，它是行政执法部门提高行政效率必需的权限，但也最易陷入执法不公的困境。防止自由裁量权的滥用，一方面要加强对自由裁量内容的实体控制，要根据违法行为的事实、性质、情节以及社会危害程度等因素，对法律、法规和规章赋予的自由裁量权进行细化、量化，明确行政执法的具体标准并予以公布；另一方面，要加强对自由裁量行为的程序控制，要求每一个执法环节都在工作流程内留下痕迹，用法定程序规范自由裁量行为。

4. 权力限制原则

制约和监督公权是法治的核心。权力的享有者总是尽最大范围地行使自身的权力。防止权力被滥用，就必须强化制约和监督，实现以权制权。首先，要健全行政执法责任制。行政执法责任制是以行政机关职责行使和责任承担为一体的一种行政法律制度，其核心是通过明确行政机关的行政执法职责，实现权力与责任的统一，依法做到执法有保障、有权必有责、用权受监督、违法受追究、侵权须赔偿。推行行政执法责任制是一项复杂庞大的系统工程，必须以清除体制、机制和制度性障碍为突破点，以依法界定行政执法职责为切入点，以科学设定行政执法岗位为驱动点，建构行政执法主体资格制、行政执法公示制、行政执法评议考核制、行政执法过错或错案责任追究制、行政执法机关内部监督制约制等制度体系，不断推进制约监督机制化、程序化，行政执法行为规范化、法治化。其次，要强化层级监督。上级主管部门和行政机关要通过行政执法监督检查、案卷评查、督办建议、绩效考核等方式对行政执法主体的执法进行监督制约。要高度重视行政复议法的贯彻落实，在实践中不断完善行政复议制度，切实做到有错必纠。此外，要加强法律、规章、规范性文件的备案审查，在源头上加强对行政执法行为的监督。最后，要探索行政执法监督新途径。应重视和强化执政党、民主党派、人民政协在行政执法监督中的作用，并根据各个不同领域行政执法的实际，积极开辟广大人民群众参与行政执法监督的渠道，将行政执法置于全社会的全面监督之下，如建立行政执法听证制度、行政执法举报奖励制度、行政执法群众接待制度等，使广大人民群众有条件监督、敢于监督、乐于监督，从而及时、准确、全面地发现行政执法中的各种问题，提高行政执法水平。

五、如何运用法治思维和法治方式防范执法风险

1. 增强风险意识防范风险

执法风险虽然仅是一种可能性，不一定必然发生，但随着社会利益主体的多元化、群体利益诉求的多样化，行政执法机关面临执法风险的可能性越来越大，执法机关和执法人员一定要在思想上高度重视，要充分认识到防范执法风险的重要性，防范风险要贯彻到整个执法过程的始终，要特别认识到，发生执法风险不仅削弱了执法机关的权威和公信力，执法机关和执法人员要承担相应的法律责任，更为严重的是损害了党和政府的形象，因此，不能麻痹大意，不能有丝毫懈怠，必须从党和人民的利益、从社会大局的高度，始终把执法风险防范工作放在重要位置，最大限度地预防风险的发生。执法机关要树立以人为本、执政为民的理念，坚持人性化、文明化执法，坚持说理式执法，杜绝粗暴执法；要通过教育劝导的方式，引导行政相对人消除对抗心理，自觉配合执法工作；通过认真履职尽责，避免执法不当或者不作为，努力防范和化解行政争议，将执法风险化解在萌芽之中。

2. 通过健全行政执法制度防范风险

行政执法机关要防范执法风险，应建立健全以下执法制度：

（1）实行行政执法人员资格管理制度

执法机关要根据《国家公务员法》、《行政处罚法》等法律法规的规定，建立执法人员资格管理制度，对执法资格的条件、执法资格的取得及考核等方面做出规定，从事行政执法工作的人员必须依法取得行政执法资格，做到持证上岗、亮证执法，以确保执法质量。

（2）建立健全行政执法标准

行政执法机关应根据法律法规的规定从执法主体、执法条件、执法程序等方面制定执法标准，严格按标准执行，保证行政执法依法进行、规范进行，有效防范不作为、不当作为和乱作为。

（3）建立行政执法责任制

行政执法责任制是执法机关依据其职能和法律法规的规定，将其执法的职责和任务以责任形式进行分解，确定执法机构、执法岗位和执法人员的执法责任，所形成的各项制度的总称。行政执法责任制是依法行政、公正执法的基础，是推进依法行政、完善执法机制的重要举措，它可以规范行政执法行为，有效防止行政权力的缺失和滥用，保障公民、法人和其他组织的合法权益，对提高执法水平，维护法律公正，确保法律的严格执行具有重要意义。《国务院全面推进依法行政实施纲要》、《国务院办公厅关于推行行政执法责任制的若干意见》对推行行政执法责任制提出了要求。具体来讲，行政执法机关应通过梳理执法依据、分解执法职权、确定执法部门和执法人员的具体执法责任，从执法责任分解、执法依据管理、执法行为管理、执法人员管理、执法行为监督、执法行为考核等六方面建立完善的行政执法责任制，并要建立行政执法评议考核制度，将行政执法情况交由有关部门和群众评议，评议不合格的、有违法或者不当行政执法行为的责任人将承担相应的责任，从制度上确保行政执法责任制的执行，从而取得良好的执法效果。

（4）建立行政执法过错责任追究制

所谓行政执法过错责任是行政机关在执法过程中，因工作人员故意或者过失、不履行或者不正确履行法定职责，造成行政执法行为违法、侵犯行政行为相对人合法权益，直接责任人员和直接主管人员应当承担的行政责任。行政执法过错责任追究制是行政执法责任制的核心，实行行政执法过错责任追究制，有利于建立完善的权责明确、行为规范、监督有效、保障有力的行政执法体制，有利于提高行政执法水平和保证法律法规的有效实施，有利于维护公民、法人及其他组织的合法权益和维护法律的权威和尊严。按照行政执法过错责任追究制的要求，行政执法机关要根据法律法规的规定，明确“执法过错”的具体标准、范围、应追究的执法过错责任的各种情形，以及追究责任的种类、追究主体、归责原则、追究程序和方式内容。对做出违法或者不当行政执法行为的部门和有关责任人要根据过错形式、危害大小、后果严重程度、情节轻重，给予处理。

（5）制定行政执法风险应急预案

执法风险应急预案作为应急体系建设工作中的重要内容，是行政执法的基础工作。事前有预案，事发才有准备，在风险发生时才能正确、有序应对，才能将风险的危害降到最低点。因此，行政执法机关必须制定执法风险应急预案，预案不仅要找准执法风险点，合理界定执法风险范围，排查执法风险点，按照风险发生概率、危害程度进行风险评估并确定风险等级；还要根据不同的风险点和风险等级，制定具体、易操作的防控措施，形成执法风险应急防控机制。

3. 通过规范行政执法行为防范风险

公平正义是法治的理念和精神，是现代社会追求的理想和目标。社会矛盾凸显期行政执法的困境在很大程度上是由于社会不公引起的。

（1）必须公开执法

公开执法是贯彻落实行政权力公开原则的重要举措，行政执法机关要在办公场所和网站公开、公示行政执法主体、行政执法的事项、依据、条件、程序、结果，并公布行政执法人员姓名、职位、职责，让公民、法人和其他组织知晓公开的内容，公民、法人和其他组织有权按规定查阅，这样既利民便民，又接受其监督，同时，要做到执法过程公开，实行阳光执法，不搞“钓鱼”执法和隐蔽执法。

（2）必须公正执法

公正执法是正确执行法律、树立维护法律权威的重要手段。在行政执法层面，执法机构和执法人员必须坚持公民的权利平等和执法公正，要把公平正义的法治理念贯穿于行政执法的全过程。行政执法涉及面广，对执法人员要求高，执法机关要组织开展法律和业务培训，提高执法人员的政治素质和业务素质，全面提升执法能力，确保执法人员具有较高的执法素质和执法水平，为公正执法提供必要保障，从而做到执法结果公平，防止出现执法不公的现象，以充分体现法律面前人人平等的法治基本原则，达到法律效果和社会效果的有机统一。在执法过程中，行政执法机关要特别注意正确行使自由裁量权，要在建立行政执法责任制的基础上，对执法职责进行分解，对执法权限进行逐条细化，明确执法人员适用法律法规的标准以及自由裁量权细化标准，制定执法自由裁量权适用规则，统一执法尺度，引导执法人员正确行使自由裁量权，做到公平裁量，防止随意裁量。

（3）必须参与执法

保障公民在行政执法活动中的参与权，是行政民主化的要求。通过公开透明、公众参与、公开听证等行政民主化程序，公民可以客观全面地了解行政执法的相关政策与制度，能够有效地表达自己的意志，由此可以产生一种责任意识，进而认同和支持政府相关政策和执法要求。

（4）必须依程序执法

程序正义被称为“看得见的正义”，程序合法是执法公正和行政执法行为合法的保证，程序有瑕疵的执法行为，难以达到预期的法律效果，难以体现法律的公平正义。因此，行政执法必须强化程序意识，建立完善执法程序和工作程序，使执法活动程序化，并严格按公开的步骤、程序执法。在执法过程中，要根据陈述申辩与听取意见制度、告知和说明理由制度、听证制度的规定，认真听取当事人的陈述和申辩，该告知当事人的必须告知，对符合听证条件的，应按规定告知当事人有要求举行听证的权利，当事人要求听证的，应组织听证，以保证执法程序公开、合法地进行。

（5）执法文书规范

执法文书是执法活动的客观反映和原始记载。行政执法机关要注重执法文书标准化、规范化建设，执法文书选用要准确、制作要严谨，执法文书应与执法行为、执法程序、执法事实相符，做到内容符合程序，准确反映步骤；要确保执法文书认定事实清楚，适用法律正确、语言文字规范、格式统一、表述清楚、内容完整、案卷装订统一，做到材料齐全、一案一卷。

案例

北京大学女博士于艳茹被撤销学位诉母校终审胜诉

于艳茹是北京大学历史学系2008级博士研究生，2013年7月5日，她从北京大学毕业，并取得历史学博士学位。随后，她考入中国社会科学院世界历史研究所博士后流动站。2013年1月，在读博期间，她将撰写的论文《1775年法国大众新闻业的"投石党运动"》（以下简称《运动》）向《国际新闻界》杂志社投稿。同年5月，临近博士学位论文答辩，她提交了答辩申请书及科研统计表，《运动》被她作为科研成果列入答辩申请书，注明"《国际新闻界》于2013年3月18日接收，待发"。当时，连同《运动》提交的还有她已发表在核心期刊的4篇论文及其他3篇未发表的论文。2013年7月23日，在于艳茹拿到博士学位、毕业18天后，《国际新闻界》才刊登了《运动》一文。时隔一年多后的2014年8月17日，《国际新闻界》发布公告称，于艳茹在《运动》中大段翻译原作者的论文，直接采用原作者引用的文献作为注释，其行为已构成严重抄袭。

随后，北京大学成立专家调查小组调查于艳茹涉嫌抄袭一事。2015年1月9日，经北京大学学位评定委员会表决后，北京大学做出撤销于艳茹博士学位的决定，称其在校期间发表的《运动》存在严重抄袭。北京大学称，依据学位条例、《国务院学位委员会关于在学位授予工作中加强学术道德和学术规范建设的意见》、《北京大学研究生基本学术规范》等规定，决定撤销其博士学位，收回学位证书。于艳茹不服，相继向北京大学学生申诉处理委员会、北京市教育委员会提出了申诉，均未获支持。2015年7月，她将北京大学告上法庭，请求法院撤销北京大学做出的撤销决定，并判令恢复其博士学位证书的法律效力。今年1月17日，北京市海淀区人民法院（以下简称“海淀法院”）经审理认为，北京大学做出的撤销决定有违正当程序原则，适用法律亦存有不当之处，判决撤销北京大学做出的撤销决定，由北京大学依照相关规定进行处理。

海淀法院认为，学位条例及相关法律法规虽然未对撤销博士学位的程序做出明确规定，但撤销博士学位涉及相对人重大切身利益，是对取得博士学位人员获得的相应学术水平做出否定，对相对人合法权益产生极其重大的影响。因此，北京大学在做出被诉撤销决定之前，应当遵循正当程序原则，充分听取于艳茹的陈述和申辩，保障于艳茹享有相应的权利。本案中，北京大学虽然在调查初期与于艳茹进行过一次约谈，但此次约谈系调查程序。北京大学在做出撤销决定前未充分听取于艳茹的陈述和申辩，因此，做出的撤销决定有违正当程序原则。此外，海淀法院还认为，北京大学做出的撤销决定中仅载明依据学位条例、《北京大学研究生基本学术规范》等规定，未明确具体条款，故没有明确的法律依据，适用法律亦存有不当之处。

4. 通过行政执法监督机制防范风险

加强行政执法监督，是我国法治建设的要求，应加强行政执法监督制度的建设，充分发挥各方面的监督作用并形成有效监督机制。一是建立行政执法机关内部监督机制。行政执法机关要通过完善行政复议制度，充分发挥行政复议制度解决行政争议、化解社会矛盾的作用，实现复议的监督功能；通过实行行政执法责任制，全面落实行政问责制，加大行政执法错案责任追究力度，加强对执法机关及其执法人员执法的评议考核，使执法活动在有效监督下进行。二是充分发挥有关职能部门的监督作用。其一，发挥人大的监督作用。行政执法监督是宪法和法律赋予人大的一项重要职权，执法机关要自觉接受人大的执法检查，认真听取人大的批评、意见和建议，发挥人大在行政执法监督方面的作用，促进执法机关做到依法行政。其二，发挥监察委员会的监督作用。执法机关要积极配合监察委员会对本机关及其执法人员执法活动进行监督和检查，充分发挥监察机关的保障、预防、惩戒等作用。三是要加强司法监督。执法机关要主动接受人民法院、人民检察院的司法指导，接受人民法院的司法审查，积极履行法院生效的法律文书，发挥司法机关保障和监督执法机关依法行政的职能。四是要充分发挥新闻舆论的监督作用。新闻舆论通过对行政执法机关的不良现象及行为进行曝光和披露，以达到对其进行监督的目的，它凭借其公开性和广泛性可产生强大的威慑力和公众震慑力。新闻舆论监督是人民群众行使民主权利的有效形式，在当今信息社会，新闻舆论的监督作用和效果显得越来越明显。因此，行政执法工作需要新闻舆论监督，执法机关和执法人员要虚心接受新闻舆论的监督。

第五章　行政公共服务中的法治思维

党的十八届三中全会提出，政府要加强提供各类公共服务。做好公共服务，是全面正确履行政府职能的一项重要内容。目前，我国公共服务的制度框架已初步形成，上学、就业、就医、社会保障、文化生活等方面存在的问题得到了有效缓解。但随着工业化、城镇化建设快速推进，政府在公共服务提供中缺位问题仍然存在，公共服务能力和水平难以适应经济社会快速发展的要求。因此全面落实中央部署，推进城乡基本公共服务均等化，稳步推进城镇基本公共服务常住人口全覆盖，还需要不断提高政府公共服务的能力和水平。

案例

浙江行政审批“最多跑一次”

2017年，“最多跑一次”被写入浙江省政府工作报告。“最多跑一次”的经验从此由浙江省走向全国。“最多跑一次”书写了深化行政服务改革的新篇章，使行政服务迈入“互联网＋政务服务”发展的新阶段。除了“最多跑一次”改革外，各地还涌现出“不见面审批”服务、“一次办妥”、“移动办事之城”等改革创新举措，其本质均是以人民为中心、以数据共享为原则，提升政府治理和服务水平，改善营商环境，让人民生活更美好。在“最多跑一次”系列改革的背后，政府真正想要达到的目的是如何打破数据孤岛、突破部门之间的行政隔阂，实现政务信息资源共享和业务协同？如何使“数据跑路”代替“群众跑腿”？如何促进政府数字化转型，实现智慧政务？

早在2003年7月，时任浙江省委书记的习近平在浙江省委十一届四次全体（扩大）会议上，做出发挥“八个方面优势”、推进“八个方面举措”的重大部署，这个被称为“八八战略”的纲领性文件强调“进一步发挥浙江的体制机制优势”“进一步发挥浙江的环境优势”“切实加强法治建设、信用建设和机关效能建设”。在浙江省工作期间，习近平就提出，要努力建设服务型政府、法治政府、有限政府。

与此同时，浙江省在全国率先开展行政审批制度改革，当年即成为全国审批项目最少的省份之一。在此基础上，浙江省继续深化行政审批制度改革。在“八八战略”的指引下，浙江省“一张蓝图绘到底”，一任接着一任干，不断推进“互联网+政务服务”建设。

2014年，浙江电子政务建设实行“云优先”战略，建设电子政务“一朵云”，为全省电子政务和公共数据的整合、交换奠定了坚实的基础。同时，浙江省构建政务服务“一张网”——浙江政务服务网，开全国之先，公布了政府权力清单、企业投资负面清单、政府部门专项资金管理清单，后来又公布了政府责任清单，形成了著名的“四张清单一张网”。

以“四张清单一张网”为引领，浙江省搭建并不断深化全省统一的“互联网+政务”架构，建成五级联动的浙江政务服务网，形成了全省事项清单统一发布、网上服务一站汇聚、数据资源集中共享的“互联网+政务服务”体系。“不积跬步，无以至千里。”在前期工作基础之上，浙江省推进行政服务改革的集大成者呼之欲出，这就是如今成为网红的“最多跑一次”改革。

2016年，浙江省委经济工作会议首次公开提出“最多跑一次”改革。2017年浙江省在政府工作报告中正式提出了浙江实施“最多跑一次”改革。紧随其后，浙江省公布了《加快推进“最多跑一次”改革实施方案》、《浙江省公共数据和电子政务管理办法》，对改革规范进行整体部署和实施。

在2017年的全国“两会”上，有记者质疑浙江省的“最多跑一次”改革难度较大，能不能实现？浙江省委书记车俊当即表态：“明知山有虎，偏向虎山行。最多跑一次一定能实现。”

浙江省的决心、信心及落到实处的方式、方法，让“最多跑一次”改革从承诺细化成“一窗受理、集成服务”、“一网申请、快递送达”、“一号咨询、高效互动”，数据孤岛被打破，不同部门之间得以协同办公，“数据跑路”真正代替了“群众跑腿”，并且改革随着时间推移，持续深化。

系列改革举措细致入微，以人民为中心、以数据共享为原则的改革思路，最终让老百姓感受到了踏踏实实的获得感、幸福感和满足感。

在浙江省生活的老百姓现在发现，在电脑端可实现在线办理业务，在移动端，打开浙江政务服务网 App，即可办理查社保、查公积金、交通违法处理和缴罚、缴学费、补换驾照、出入境办证等。甚至这个“政务淘宝”还打通了支付宝 App 入口，在大家使用的支付宝上，就可以进行新生儿重名查询、教育考试和诊疗挂号等事务办理。截至 2018 年 3 月，经第三方评估，浙江省“最多跑一次”实现率达 87.9%、满意率达 94.7%。

做好公共服务，是全面正确履行政府职能的一项重要内容。党的十八届三中全会提出：政府要增加各类公共服务的提供，要加大政府购买公共服务力度。党的十九大报告指出：必须始终把人民利益摆在至高无上的地位，让改革发展成果更多更公平地惠及全体人民，朝着实现全体人民共同富裕不断迈进。要完善公共服务体系，保障群众基本生活，不断满足人民日益增长的美好生活需要。要不断促进社会公平正义，使人民获得感、幸福感、安全感更加充实，更有保障，更可持续。

一、新时代行政管理理念转变

现代政府建设以向公民和社会提供优质高效的公共服务为目标。我国基层政府由于受到各种因素制约，公共服务供给与人民日益增长的美好生活需要之间存在差距，因此服务经常成为社会公众抱怨甚至投诉的主要话题，所以必须树立现代服务型政府理念。现代服务型政府理念是在 20 世纪 80 年代新公共管理运动蔚然成风的背景下首先由西方国家提出的。这一理念主张管理就是服务，政府的存在是为了满足社会的需求，政府应尽可能地为社会提供满意的公共产品。传统的行政管理观念与现代政府理念是两种根本不同的思想理论体系。其本质区别主要表现在以下几个方面：

1. 行政管理目的不同

在传统的行政管理观念支配下的管制型政府是为了实现管理而行使行政权力，它主张官本位、权力本位。而现代政府理念支配下的服务型政府则是从公民需要出发，主张以人本位、社会本位、为公民谋福祉，正如十九大报告指出坚持以人民为中心的法治理念。

2. 行政管理理念不同

在传统行政管理观念支配下的管制型政府的管理是一种居高临下的“恩赐”过程，是一种自上而下的统治；而在现代政府理念支配下的服务型政府的管理则是公民与服务者互动的过程，双方可以交流信息，相互协商，达成一致意见。

3. 管理者地位不同

在传统的行政管理观念支配下的管制型政府，被服务者也是被管制对象，因此，一切服务都不排斥强制性；而在现代服务型政府理念支配下的服务型政府的管理模式下，服务的成立条件则是被服务者的自愿与要求。因此，杜绝非法不合理强制是对服务型政府的基本要求。

4. 行政管理职能不同

传统的行政管理观念认为，政府的核心职责是发展经济，要建立管制型政府以便管理经济和社会。现代政府理念则认为，政府在促进经济发展的同时，政府的核心职能是公共服务，即为社会提供公共产品和公共服务。包括加强城乡公共设施建设力度，发展社会就业、社会保障服务和教育、科技、文化、卫生、体育等公共事业以及发布公共信息等。

5. 行政管理考核标准不同

传统行政管理的理念是把行政效率作为检测政府工作实效的标准。现代行政管理理念则以绩效作为检测政府工作的标准。为此需要实现三方面转变：指导思想上实现由政府本位、官本位向社会本位、公民本位转变；管理内容上实现由全能政府向有限政府的转变；管理方式上实现由直接管理向间接管理的转变。

二、公共服务及公共服务权利

人类发展的本质是人的发展，而人的发展状况如何，取决于一个国家（地区）的基本公共服务供给状况。因此，基本公共服务是人类发展的重要条件，也是人类发展的重要内容。

1. 公共服务

公共服务是21世纪公共行政和政府改革的核心理念，包括加强城乡公共设施建设，发展教育、科技、文化、卫生、体育等公共事业，为社会公众参与社会经济、政治、文化活动等提供保障。所谓基本公共服务是指建立在一定社会共识基础上，根据一国经济社会发展阶段和总体水平，为维持本国经济社会的稳定、基本的社会正义和凝聚力，保护个人最基本的生存权和发展权，给社会大众提供全面发展所需要的基本社会条件。

公共服务有以下几个特性：一是社会性，即每一个公民都享有公共服务的权利，公共服务是为全体民众来提供的。二是公平性，即所有的被服务对象都公平地享有公共服务，只要你是公民，不分你的种族，不分你的民族，不分你的政治信仰，不分你的社会地位，都应该平等地享受公共服务。三是动态性，随着经济社会的发展和变化，公共服务的领域不断地拓展，水平不断地提高。四是基础性，是指那些对人类发展有着重要影响的公共服务，它们的缺失将严重影响人类发展。五是广泛性，是指那些影响到全社会每一个家庭和个人的公共服务供给。六是可行性，是指公共服务的提供要与一定的经济发展水平和公共财政能力相适应。

2. 公共服务权利

基本公共服务是社会的“安全网”和“减震器”。构建规范稳定的基本公共服务制度有助于提高全体社会成员的生活质量，营造安定有序的社会环境。公民公共服务权利内容包含以下几个方面：

一是维持基本生活水准权利。公民应该享有基本的生存权，公民要维持基本的生存，必须有适当的食物，应该获得适当的营养、适当的衣着、适当的居住条件和必要的照顾等。基本生活水准有物质方面和精神方面要求，物质方面的含义是人应该享有在社会贫困线之上的生活，你能够购买到最低水准的食物、最低需要的一些商品和费用以及一些日用品。对政府来讲，政府就应该去维护老百姓的基本生活水准的权利，这是政府兜底的责任，也是政府对贫困阶层进行的一种兜底保障，保障他们生活在社会贫困线之上。

二是接受教育权利。教育承担着社会、经济、文化、政治等功能，是直接影响人类发展的重要因素。教育是提高人力资本存量、推动经济发展的基本途径。教育有助于促进社会流动和社会整合。义务教育是整个教育体系的基础，义务教育公平体现着个人成长的起点和未来发展机会的公平。对于政府来讲，要为一切人提供免费、义务的初等教育，并且应该要做到高等教育也应该向一切人开放，并且要逐步地实行免费教育。

三是保持健康权利。所谓健康权是获得保健服务的权利以及人民群众应该获得安全的饮用水、适当的卫生设备、适当的环境卫生和职业卫生健康条件。它包括母婴保健、传染病的免疫、基本药物的提供、普通伤病适当的治疗等。对于个人来说，健康是衡量人的素质的主要指标。从社会角度讲，健康构成了一个社会人口素质的基础。投资于健康就是投资于未来经济社会发展，社会拥有了健康就是拥有了“财富”。公民的健康权就要求政府履行公共医疗卫生责任，政府就应该为老百姓提供适当的公共的医疗保健，提供一些基本的公共卫生的设备，以及提供一个全社会的医疗保障的制度等。

四是社会保障权利。社会保障包括了社会保险和社会救助两个方面，包括了对老年、残疾、失业、疾病、生育、鳏寡、孤儿等人口的社会保障。人面临着老年的风险、疾病的风险、失业的风险、工伤的风险、丧失亲人的风险、残疾的风险等，政府就应该致力于去建立一个完善的社会保障制度，为全体公民提供一个免于社会风险的保障机制。

五是文化权利。人人都有参与文化生活的权利，享受科学技术进步及其应用带来的福利的权利，享有科学研究和创造性活动的自由等权利，所以政府应该创造人人都能从事文化和科学研究活动的必要条件，为老百姓提供完善的公共文化的设施等。

六是就业权利。就业权是人的社会权利的核心，也是基本人权的核心，人们只有充分就业，才能够获得足够的收入，才能够保障自己作为人的尊严。对劳动者而言，就业和再就业是他们赖以生存、融入社会和实现人生价值的重要途径和基本权利；对社会而言，就业关系到亿万劳动者及其家庭的切身利益，是促进社会和谐的重要基础；对国家而言，就业是民生之本，国家稳定之基，也是安国之策。公共就业服务是促进就业的重要手段，是缓解就业压力的重要途径。政府有义务确保为老百姓提供公共就业的服务。

七是住房权利。政府有责任采取措施让公民享有适当的住房权，这些措施包括确定公民住房的适当的标准，逐步地消除无家可归现象，所以在保障住房权方面，政府的责任是保证一个合理的房价，保障弱势群体和低收入群体的公共住房。

3. 公共服务类别

为了实现公民的公共服务的权利，政府应该去建立完善的公共服务的体系，去保障公民公共服务权利的实现。《“十三五”国家基本公共服务清单》将公共服务类别分为公共教育、劳动就业创业、社会保险、医疗卫生、社会服务、住房保障、公共文化体育、残疾人服务等八个领域的 81 个项目。每个项目均明确服务对象、服务指导标准、支出责任、牵头负责单位等。公共服务可以根据其内容和形式分为基础公共服务、经济公共服务、公共安全服务、社会公共服务。基础公共服务是指那些通过国家权力介入或公共资源投入，为公民及其组织提供从事生产、生活、发展和娱乐等活动都需要的基础性服务，如提供水电气服务、交通与通讯基础设施、邮电与气象服务等。经济公共服务是指通过国家权力介入或公共资源投入为公民及其组织即企业从事经济发展活动所提供的各种服务，如科技推广、咨询服务以及政策性信贷等。公共安全服务是指通过国家权力介入或公共资源投入为公民提供的安全服务，如军队、警察和消防等方面的服务。社会公共服务则是指通过国家权力介入或公共资源投入为满足公民的社会发展活动的直接需要所提供的服务。社会发展领域包括教育、科学普及、医疗卫生、社会保障以及环境保护等领域。社会公共服务是为满足公民的生存、生活、发展等社会性直接需求，如公办教育、公办医疗、公办社会福利等。

4. 公共服务制度框架

改革开放四十年来，我国经济社会取得了历史性成就，进入了新时代。当前我国社会主要矛盾是人民日益增长的美好生活需要和不平衡不充分的发展之间的矛盾。建设公共服务型政府，必须着力解决社会领域的主要矛盾，即公共需求的全面、快速增长与公共产品供应严重不足的矛盾。当前，我国经济社会发展既面临“黄金发展期”的机遇，又面临“矛盾凸显期”的挑战。只有解决好这个主要矛盾，才能使我国经济社会实现全面、协调、可持续发展。国家基本公共服务制度必须要紧扣以人为本，围绕从出生到死亡各个阶段和不同领域，以涵盖教育、劳动就业创业、社会保险、医疗卫生、社会服务、住房保障、文化体育等领域的基本公共服务清单为核心，以促进城乡、区域、人群基本公共服务均等化为主线，以各领域重点任务、保障措施为依托，以统筹协调、财力保障、人才建设、多元供给、监督评估等五大实施机制为支撑，保障全民基本生存发展需求的制度性安排。公共服务制度框架如图 5－1 所示。

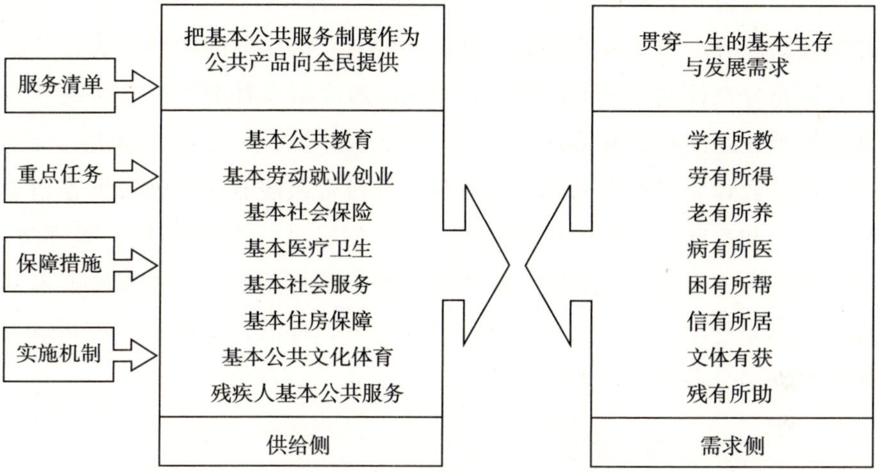

图 5－1　公共服务制度框架图

5. 提高政府公共服务能力和水平须处理好若干关系

政府对基本公共服务体系建设的指导思想是惠及全民和公平公正，但建设步骤要把握水平适度、可持续发展的原则：一是公共服务体系建设应建立在经济发展的基础上，依据经济发展的程度和水平，逐步建设；二是基本公共服务均等化是公共服务体系建设的长远目标，也是服务型政府建设的重要价值追求，需要逐步实现；三是公共服务体系建设的关键是创新公共服务体制，改进公共服务方式，通过公共财政、社会组织、企业与家庭的合作，形成公共服务供给的社会和市场参与机制，发挥和体现财政资金的公益性价值，提高公共服务质量和效益。

提高政府公共服务能力和水平，须处理好以下几个关系：

一是厘清政府和市场的边界。当前，在教育、医疗等公共服务领域，政府投入相对不足；在交通、供水、供电等基础建设领域，政府投入则相对过多。提高政府公共服务能力和水平，应解决政府职责定位问题，以市场失灵作为政府行为的边界，注重发挥政府投入的引导作用，发挥市场配置资源的决定性作用。

二是合理确定中央政府和地方政府角色定位。教育、就业、环境等方面的公共服务具有区域溢出性，人们会“用脚投票”选择居住地区，此类公共服务应由中央政府主导提供。养老、医疗等区域性强的公共服务，应充分发挥地方政府的作用，中央政府在财政补助、社会保险等方面应给予一定的政策支持。

三是合理分配政府间财权与事权。针对各级政府间“财力上移，事权下移”和一些地方政府过度依赖“土地财政”、“寅吃卯粮”等现状，公共服务的支出重心应向中央和省级政府上移，逐步推广省直管县模式以及乡财县管模式，进而在公共财政框架下，按照公共服务属性和地方政府财力划分各级政府的事权。

三、公共服务的意义

人的全面发展，重要标志之一是人的可行能力的提高。公共服务不仅对人的可行能力的提高极其重要，也对社会和经济的发展具有举足轻重的影响。

1. 有利于缓解我国当前面临的社会矛盾

公共服务的核心功能就是保障人民群众在年老、失业、患病、工伤、生育时的基本收入和基本医疗不受影响，满足他们的基本生存需求，解除他们的后顾之忧。公共服务是社会的“安全网”和“减震器”，构建规范稳定的基本社会保障制度有助于提高全体社会成员的生活质量，营造安定有序的社会环境。在建设社会主义和谐社会的进程中，我国面临的最大挑战在于：地区间和城乡间发展不平衡、居民收入差距偏大、资源环境约束增加、内外需失衡、投资消费结构不合理等问题。这些问题又与我国当前存在的两个突出矛盾密切相关：一是居民日益增长的公共服务需求与公共服务总体供给不足、质量低下之间的矛盾；二是市场经济体制逐步建立完善对政府职能的新要求与政府职能转变缓慢之间的矛盾。公共服务是维护社会基本公平的基础，通常发挥着社会矛盾的“缓冲器”作用。因此，强化政府公共服务职能，加快改善我国公共服务状况，有利于缓解当前我国经济社会中所面临的各种突出矛盾，顺利推进和谐社会建设。

2. 有利于提高政府管理效能

政府作为资源配置的最重要的主体之一，其竞争力已经成为决定国家竞争力的重要因素。而政府竞争力又直接取决于其在资源配置中的管理能力和效率。因此，加快完善我国政府管理体制，确保政府的高效运行，充分发挥公共服务职能，不断提升政府管理效能和竞争力，已经成为我国政府应对国际竞争的战略性选择。一个国家（地区）如果能提供良好的公共服务，建立透明有序的市场环境、完善的基础设施、发达的交通体系，提供优质的医疗和教育服务，不断健全法制环境，就能增强自身的竞争力，吸引更多的投资涌入。因此，政府进行公共服务效能的建设可以带来技术、人才、资金等发展条件，最终提高当地竞争力。

3. 有利于促进经济社会科学发展

中国正在从工业化社会逐步向后工业化社会转变，从解决衣食住行向解决娱教医养转变，社会保障体系和民生工程成为最大的经济和最大的政治。完善的公共服务，既有利于提高劳动者自身素质，促进劳动力的有序流动，一定程度上激发我国经济的活力，推动经济高质量地发展，又可以避免社会消费的过度膨胀，引导消费结构更为合理，平衡社会供需的总量，有利于防止经济发展出现波动，实现更好地发展。党的十九大提出要改善民生、加快社会建设，而教育、医疗、社会保障、就业和收入分配等民生问题都离不开完善的公共服务体系。加快公共服务体系建设，是经济社会发展到一定阶段的必然要求，是促进科学发展、社会和谐的重要内容。完善的公共服务体系为促进社会公平正义和基本权利保障提供了强大的平台，有利于提振社会成员的精神风貌，提高社会总体运行效率。

四、“十三五”时期我国政府公共服务面临的形势与发展指标

“十三五”时期是全面建成小康社会的决胜阶段。目前我国社会经济的发展仍处于大有作为的重要战略机遇期，但完善国家基本公共服务

体系、推动基本公共服务均等化水平稳步提升，政府公共服务体系却面临以下新形势：

（1）经济进入新常态

经济增长从高速转向中高速，经济结构深度调整，发展动力加快转换，保民生、兜底线的任务更加艰巨。同时民生持续改善也会为经济发展创造更多有效需求，为推进供给侧结构性改革提供强大内生动力。

（2）人口形成新结构

人口总量增长势头明显减弱，劳动年龄人口减少，人口老龄化加速，老年抚养比例上升，新型城镇化推动城乡人口结构变化，对公共服务供给结构、资源布局、覆盖人群等带来了较大影响。

（3）社会呈现新特征

社会结构深刻变动、利益格局深刻调整，人民群众的公平意识、民主意识、权利意识不断增强，合理引导社会预期、加快基本公共服务均等化任务更加艰巨。

（4）消费体现新需求

中等收入群体规模不断扩大，群众提高生活水平和改善生活质量的愿望更加强烈，消费需求更加多样化、多层次，提高公共服务供给质量和水平的要求更加紧迫。

（5）科技孕育新突破

新一轮科技革命和产业变革正在兴起，移动互联网、物联网、大数据、云计算等技术快速发展，推动公共服务新业态不断发展、供给方式不断创新、服务模式更加丰富。

“十三五”时期基本公共服务领域主要发展指标见表 5-1 所示。

表 5-1 “十三五”时期基本公共服务领域主要发展指标

指　　标	2015 年	2020 年	累计
基本公共教育			
九年义务教育巩固率（%）	93	95	—

（续表）

指　标	2015 年	2020 年	累计
义务教育基本均衡县（市、区）的比例（%）①	44.48	95	—
基本劳动就业创业			
城镇新增就业人数（万人）②	—	—	>5000
农民工职业技能培训（万人次）	—	—	4000
基本社会保险			
基本养老保险参保率（%）③	82	90	—
基本医疗保险参保率（%）④	—	>95	—
基本医疗卫生			
孕产妇死亡率（1/10 万）	20.1	18	—
婴儿死亡率（‰）	8.1	7.5	—
5 岁以下儿童死亡率（‰）	10.7	9.5	—
基本社会服务			
养老床位中护理型床位比例（%）	—	30	—
生活不能自理特困人员集中供养率（%）⑤	31.8	50	—
基本住房保障			
城镇棚户区住房改造（万套）	—	—	2000
建档立卡贫困户、低保户、农村分散供养特困人员、贫困残疾人家庭等 4 类重点对象农村危房改造（万户）	—	—	585
基本公共文化体育			
公共图书馆年流通人次（亿）	5.89	8	—
文化馆（站）年服务人次（亿）	5.07	8	—
广播、电视人口综合覆盖率（%）⑥	>98	>99	—
国民综合阅读率（%）⑦	79.6	81.6	—
经常参加体育锻炼人数（亿人）⑧	3.64	4.35	—

（续表）

指　标	2015年	2020年	累计
残疾人基本公共服务			
困难残疾人生活补贴和重度残疾人护理补贴覆盖率（%）⑨	—	>95	—
残疾人基本康复服务覆盖率（%）⑩	—	80	—

注：

① 通过省级评估、国家认定程序认定的义务教育均衡发展县（市、区）占全国所有县（市、区）的比例。

② 指城镇累计新就业人数减去累计自然减员人数。其中城镇累计新就业人数是指报告期内城镇累计新就业的城镇各类单位、私营企业和个体经济组织、社区公益性岗位就业人员和各种灵活形式就业人员的总和；累计自然减员人数是指报告期内因退休、伤亡等自然原因造成的城镇累计减少的就业人员数。

③ 指按照国家有关法律和社会保险政策规定，实际参加基本养老保险的人数与法定应参加基本养老保险的人数之比。

④ 指按照国家有关法律和社会保险政策规定，实际参加基本医疗保险的人数与法定应参加基本医疗保险的人数之比。

⑤ 指在机构集中供养的生活不能自理的特困人员与生活不能自理特困人员总数之比。

⑥ 指在对象区内能接收到中央、省（区、市）、市（地、州）、县（市、区）广播、电视传输机构以无线、有线、卫星等方式传输的广播、电视节目信号的人口数占对象区总人口数的比重。

⑦ 指全国每年有阅读行为（包括阅读书报刊物和数字出版物、手机媒体等各类读物）的人数与总人口数的比例。

⑧ 指每周参加体育锻炼3次及以上、每次体育锻炼持续时间30分钟及以上、每次体育锻炼的运动强度达到中等及以上的人数。

⑨ 指困难残疾人享受生活补贴和重度残疾人享受护理补贴的人数达到应享受补贴人数的比例。

⑩ 指有康复需求的残疾儿童和持证残疾人接受康复评估、手术、药物、功能训练、辅具适配等基本康复服务的比例。

五、我国基层政府公共服务存在的问题

随着我国进入新时代，各级政府适应新形势要求，更加重视公共服务，把财力物力等公共资源更多地向公共服务倾斜。各级领导干部的精力也更多地放在推进社会发展和解决人民生活问题上。但从总体上看，我国地方政府职能转变仍没有完全到位，基层政府公共服务体系与服务型政府的目标仍然不太相适应，具体表现在以下方面。

1. 公共服务体系建设认识不明

基层政府对公共服务体系的认识，很多是停留在政府职能部门为群众提供服务、给群众排忧解难方面，但对公共服务体系重要性的认识却较模糊，对公共服务内涵没有梳理、归纳和分类，导致服务项目商业性操作多、公益性操作少，物质生活服务项目多、文化生活服务项目少，缺乏长远的规划和科学指导。再加上，公共服务人力资源、设施资源、项目资源不能有效整合，难以创新公共服务载体；基层民间组织数量少，基础条件薄弱，资源不足，行政依赖性依然较强，民间组织服务的范围和领域还比较狭窄，民间力量兴办的服务大都是一些便民利民服务网点，专业性的民间非营利机构数量较少。

2. 公务人员为民服务意识淡薄

提供服务是现代行政的本质要求，公务员服务意识是政府软环境的核心。政府作为处于其他社会组织之上的更高的组织，是因社会需要服务而存在的。为国家服务、为公民服务、为社会服务是政府存在的价值基础。当前，我国基层政府以管控为工作抓手，重管理轻服务。部分公务人员的服务意识并不高，还存在着“门难进、脸难看、事难办”的现象。这使得政府的行政管理效率低下，政府的形象受损。

3. 服务绩效评估体系不健全

公共服务的绩效评估一般是通过政府部门自我评价、专家评估、公民以及舆论评估等多种评估形式构成，通过运用科学的具体指标，来掌握公共服务绩效方面的信息。公共服务绩效评估还存在一些问题：一是

绩效评估缺乏相应政策法规的指导和保障。多数基层政府的评估活动都是自发性的，评估的指标没有统一的标准而且还经常处于朝令夕改的状态；二是公众参与的绩效评估的影响力有限。公众参与绩效评估限于对部分公共部门的参评，而不包括对从事公共产品提供和公共服务的部门的评价。即使被群众认定为不满意的公共部门也不影响政府对其公共财政的支出，更不用说进行组织机构的改革。三是评估机构绩效评估的过程不够透明，公开化程度也不高，评估结果得不到重视。

4. 提供公共服务的水平不高

与广大人民群众日益复杂化、多样化的社会公共需求相比，目前我国政府所提供的公共服务产品总量不足，公共服务的投入仍然偏低，尤其是在公共卫生、社会保障、公共基础设施、农村义务教育等基本的公共产品供给和公共服务方面，政府公共服务供给不足。受体制机制影响，政府作为公共服务的提供者，几乎垄断了公共服务的所有领域，加上缺少竞争，使得政府提供的公共服务质量差、效率低。

六、当前改进政府公共服务的路径选择

1. 转变政府工作职能

加快政府职能转变是一项涉及政治、经济和社会多个领域的系统工程，必须做好配套改革，才能实现整体推进。加快政府公共服务体系建设，关键在于转变政府职能。要跳出政府自身，站在整个社会的高度，重新对政府进行全方位的审视，重新界定政府的角色，重新设置政府的职能，重新设计政府的运行机制。清理行政审批事项，使政府职能切实地从“审批经济”向“服务经济”、从“微观”向“宏观”进行转变，从“全能型”向“服务型”转变。通过市场机制可以解决的问题，不应当再设定行政审批；对于通过市场机制难以解决的，但通过社会中介机构的自律管理能够解决的问题，也应不设定审批事项；依法确需保留的行政性审批，应从严审批。建立审批“一条龙”服务，减少层层审批所需时间，提高行政审批效率。今后街道社居委职能最终应归位于社会管

理和公共服务上，核心和重点是做好与人民群众生活密切相关的城市管理、就业保障、医疗保健、社区服务等工作。

2. 提升公共服务观念

政府提高公共服务能力，首先，要转换思想观念、增强服务意识。每个基层公务人员时刻要把自己当作人民的公仆，思想上要有强烈的为人民服务的意识，只有心中装着人民，才能处处为群众着想。其次，重视群众利益，了解群众需要。政府工作人员要为服务对象提供可供选择的公共服务信息，解答群众的疑难问题，了解老百姓服务种类、服务质量，改进服务存在不足的地方。再次，加强公务员的业务素质，重视公务员的培训工作，建立和完善竞争择优的选拔机制与贡献相适应的激励机制，把公务员队伍建设纳入制度化、规范化轨道。

3. 完善绩效评估体系

要建立"顾客导向"的政府绩效评估体系，督促政府各部门与政府工作人员真正建立并在工作中实施"顾客导向"理念。从多个维度对政府行为进行评估，把经济性评估、效率性评估和针对顾客满意度评估有机地结合起来，使政府价值目标和公众期望统一起来。在政府绩效评估中引入多元评价主体，尤其要注意适当增加社会公众的评估权重。同时，要运用科学化的绩效评估方法，绩效指标的设定要与管理目标相结合，将组织任务转化为组织目标，再将组织目标转化为可操作的绩效指标。

4. 引进市场竞争机制

打破行政垄断，广泛调动社会各界参与提供公共产品和公共服务，形成公共服务的多元化参与格局，形成多中心治理的公共服务供给模式。探索建立政府引导与社会参与相结合的投入机制，积极引导和鼓励社会力量参与文化、体育、卫生等事业建设，逐步构建政府、非政府社会组织、企业相互合作的公共服务建设体系，弥补政府投入不足或布局不均的现象。通过公共招标、内部竞争、合同外包等市场方式营造市场竞争机制。除了义务教育、基础科研、社会保障、公共安全等必须由政府提供的最基本公共服务外，在教育、卫生、体育等公共服务领域，也应当营造竞争环境，利用竞争机制产生的压力促使服务提供主体不断改进服务。将原来由政府承担的一些公共服务职能转移给非政府组织甚至社区，改变完全由政府提供公共服务的局面，实现提供公共服务主体的多样化，打破国家对公共服务领域的垄断，形成有效的竞争机制，从而提高公共服务供给的效率，实现资源的有效配置。完善政府购买公共服务制度。政府购买公共服务，有利于调动社会提供公共服务的积极性，降低成本、提高效率，缓解公共服务供需矛盾。公开、公平、公正是政府购买公共服务应始终坚持的原则。各级政府应健全相关制度，保证政府购买公共服务信息公开透明，才能便于社会监督，把资金花在“刀刃”上。严格界定政府购买公共服务的购买主体、承接主体和购买内容，防范违法违规行为。积极创新政府购买方式，弥补单一政府采购模式的不足。

5. 建立政府回应机制

要完善信息公开制度，实行政务公开。政府在不触及国家根本利益的前提下，应该最大限度地公开政府信息。以“仆人”的姿态主动向社会公众及时地通报情况和信息。在政务公开的基础上，政府还应实行服务“承诺制”，提高公共服务水平和公众满意度。大力推行电子政务，提供自动化的信息及其他服务。提高公民的有效参与，大力拓展和优化公民参与渠道，创造灵活多样的参与方式，并使新的参与方式制度化。在制定政策过程中吸收公民代表参与、搜集基层公众意见等。将政府信息快速、方便、廉价、准确地传递给社会公众，减轻公众为此需要付出的经济和时间负担，通过适当的信息提供与发布制度，使公众能够享受方便、快捷的信息服务，实现双向与直接的沟通和互动，有效促进政府部门改善和提高服务质量，密切政府与公众之间的联系，从而构建一个有回应力、有效率、负责任且具有更高服务品质的服务型政府。

6. 推行互联网＋政务

推进电子政务建设是适应公共服务效能建设的重大改革，通过在政府网站上提供公共服务的事项，满足群众的需求。群众可以第一时间了解政府的工作动态，还可以通过上网来办理交费、咨询、办证等自己所需要的事务。应建立完整的公众信息网或政务公开网，将行政服务中心审批（服务）事项的申报资料，各种受理办理条件，要填的格式文本以及办理事项的程序、办理的结果、群众可以投诉的渠道等各项要素在网上公开，确保广大群众的知情权、参与权和监督权。群众通过了解政府的政策情况，就能更好地参与到管理国家和社会事务的工作中来。

案例

上海全力推进“一网通办”政务服务

到政府办事何时能像网购一样方便？这是很多人的期盼，也是上海市正在开展的探索。为了打造营商环境新亮点，上海市委市政府近期提出：加快智慧政府建设，全力打响“一网通办”政务服务品牌；让政府的“店小二”式服务，不仅有真诚的态度，还要有过硬的功夫；建设卓越的全球城市，建立与之相匹配的政务服务。

过去由政府各部门牵头建设的政务信息系统，彼此之间缺乏协同，没有形成“整体政府”的概念。导致百姓办事情，还得从一个部门跑到另一个部门开证明、弄材料，而不能做到“进一扇门”就能解决问题。

上海市委市政府提出，2018 年加快建成上海政务“一网通办”总门户，将面向企业和群众的所有线上线下服务事项，逐步做到一网受理、只跑一次、一次办成。通俗地说，就是通过统一政务受理的入口，让企业和群众从逐个“找部门”，变为直接“找政府”。这不仅需要理念的转变，更需要流程的再造。

中共中央政治局委员、上海市委书记李强说，通过打响“一网通办”品牌，将倒逼全市各级政府线上线下政务服务流程再造、数据共享、业务协同，实现政务服务减环节、减证明、减时间、减跑动次数，真正做到从“群众跑路”到“数据跑路”。

徐汇区是全国首个入选“互联网＋政务服务”示范工程的区级政府，同时也拥有上海人工智能产业的重要集聚带。在这个日均开放近百个窗口、接待两三千人次的服务枢纽，政府一方面通过统一受理、精简流程等内部改革，加速审批和服务的响应速度；另一方面，通过引入人工智能等新一代信息技术，改善用户办事体验。

让机器人填补服务“真空”

走进徐汇区行政服务中心一号楼，就会见到一个萌萌的机器人。这个高约1.3米的圆柱体慢悠悠地在大厅中穿行，遇到“障碍”可以自动绕过。这个机器人叫“徐小递”，每天会往返于一楼办事窗口和各职能部门之间，负责递送材料。窗口人员只要在电脑上对它发出召唤，告知目的地，“徐小递”就会前来把材料妥妥地吞进“肚子”；由于存储了所有楼层的三维地图，“徐小递”可以自主选择路线；到了目的地，还会打电话给接收者。上下楼梯对“徐小递”也不是问题，因为借助无线通信模块，它可以控制电梯。

将“徐小递”这样的机器人引入政府办事窗口绝不是什么“噱头”。在它加盟前，材料递送工作需要窗口员工完成，跑一趟一般少则三五分钟，多则十几分钟。自“徐小递”年初上岗以来，每天它至少要上下楼几十趟，区政府用有限的成本，消除了窗口的服务“真空”。

事实上，在行政服务中心办事大厅，每天共有三位机器人值班，另两位“徐小智”和“徐小境”分别在一号楼、二号楼提供办事咨询服务。市民用语音把想办的事情告诉它，机器人就会提供相应的引导，告诉对方应该怎么领号、该去什么窗口。在机器人的帮助下，大部分咨询者都能很快开始办事。

以人脸识别应对排队焦虑

在所有办事窗口，最影响客户体验的莫过于排队时间太长。徐汇区采取的对策之一，就是请人工智能帮忙。

在行政服务中心大厅，值班人员通过平板电脑，能一目了然地看到当时谁在排队、要办什么事、等了多久。对于等候时间过长的办事者，系统会自动发出警示，并显示出由现场摄像头拍到的等候者照片。根据这张照片，工作人员就能快速定位办事者，并通过送水等方式适时安抚。另一方面，综合分析所有窗口的排队情况，系统可以对各窗口的通畅度进行打分，进而提示在某些热点窗口加派人手。

这套排队智能系统一方面采用了智能数据挖掘技术，另一方面则是人脸识别的一个典型应用——办事者在取号时，系统会记住他的样貌；之后，只要办事人不离开大厅，人工智能就能迅速定位到他，并为后续服务创造机会。

此外，“刷脸”设备还被用来验证办事者的身份，从而更快、更安全地办事。在企业登记窗口，记者一边按要求注视摄像头，一边刷身份证；几乎在“刷证”的同时，系统就提示“人证一致”。企业注册必须杜绝用假身份开公司的情况，如果要全凭目测进行判断，有时难度极大，人脸识别设备则彻底补上了这一短板。

靠技术更靠背后的服务理念

徐汇区采用了不少成熟技术，并聪明地嵌入了办事流程。比如，不少办事者会因为马虎而忘带材料。为此，行政服务中心为所有人提供了一个云存储空间，让他们可以事先把材料上传，一旦忘带材料则可以现场调阅打印。又如，很多人办事时不知该如何填表，徐汇区为此开发了一个样表查询机，办事者只要输入等候编号，系统就能自动识别出他所办事项要填报的样表。

以服务对象为中心的理念，也使徐汇区在众多与营商环境相关的流程改革中走在前列。比如，该区在全市率先推出六个跨部门“综合窗口”，目前企业注册和服务大厅全部实现全科医生型“综窗通办”。又比如，该区率先建成贯通所有部门的政务数据中心，将 12 条专网、71 个市区联动业务系统、两个区自建系统接入数据中心。

随着“一网通办”的推进，上海的政务服务将在“店小二”精神之外，装上“智慧大脑”。一个“有求必应、无事不扰”的智慧政府，将为上海迈向“卓越的全球城市”提供坚强支撑。

上海市互联网+政务，助推了公共服务职能升级。

服务型政府建设是以人民为中心发展理念时代的需要，关系到人民群众的切身利益。当前，我国基层政府提供的公共服务不能满足人民群众需求，这与政府公共服务意识、公共财政的保障、政府公共服务职能和考核机制不完善等因素密切相关。提高基层政府公共服务效能需要树立服务型政府理念，完善公共财政制度，增加政府公共服务职能，加快电子政务建设和实现政务公开。建立健全政务公开制度，把人民群众关心的事项和容易产生腐败的地方当作政务公开的重点。

第六章 信访维稳中的法治思维

当前，我国正处于全面建成小康社会的决胜阶段，改革进入攻坚期和深水区，面临的改革发展稳定任务之重前所未有、矛盾风险挑战之多前所未有。各级政府都高度重视维稳工作，投入大量的人力物力财力，但有些地方采取的社会管治方式往往简单化和绝对化，导致社会矛盾冲突的数量反而有所增加——从某种意义上来说，甚至陷入一种“越维越不稳”的恶性循环。之所以出现这种现象，既有社会利益矛盾引发的群体性事件日益增多，以及利益关系的失衡所导致的社会冲突增加等客观原因，也与现有的维稳理念、思路、方式和机制所暴露出的社会治理缺陷密切相关。在维稳的认识和实践中还存在一些误区，有些人片面理解“稳定压倒一切”，认为平安就是“不出事”，强化政府管控，只讲维稳、不讲维权，甚至把社会管理简单等同于维稳，要求增加政府管控投入。一些地方政府官员追求刚性稳定目标，采取了“权力维稳”、“高压维稳”或“摆平”的策略，这样反而使维稳陷入两难的困境。

案例

乌坎群体性上访事件

2011年9月21日上午，乌坎村400多名村民因土地问题、财务问题、选举问题对村干部不满，到陆丰市政府非正常上访，当日下午，上访部分村民在村里及村周边企业聚集、打砸、毁坏他人公共财物和冲击围困村委会、公安边防派出所。9月22日上午，部分村民阻挠、殴打进村维持秩序的民警，并砸坏6部警车。对此，汕尾市、陆丰市两级党委政府高度重视，启动应急预案，第一时间赶赴现场协调。与此同时，汕尾市派出工作组到陆丰市督导，陆丰市、东海镇组成工作组进村做工作、回应诉求、维持秩序。9月22日晚事态平息，23日乌坎村内恢复了正常秩序。但事件至11月中旬又起波澜，在工作组正在调查解决诉求过程中，少数村民在互联网上发出《“乌坎村村民临时代表理事会”计划组织村民于11月21日游行上访，并请中外记者报道》的帖子，致使事件出现反复。对此汕尾市、陆丰市两级政府又派出13个工作小组进村入户，做好对群众的劝说工作，大部分村民接受劝说。但是11月21日10时35分又有400名左右的乌坎村民聚集到陆丰市政府门口非正常上访，打出“打倒贪官”、“还我耕地”等标语。至11时26分，上访村民自行离去。当天下午及第二天，在组织者策划下，发生几次数百人在村内聚集活动。

事件发生后，汕尾市和陆丰市两级党政干部积极进村入户做村民思想工作，部分村民的思想开始往好的方向转化。村民在罢市、罢渔3天后，于11月24日恢复正常生产生活秩序。至26日，村里的白布标语、大幅宣传画已被拆除，事态得到平息，社会秩序恢复正常。

社会稳定是改革发展的前提，为改革发展创造和谐稳定的社会环境是维稳工作的本质要求。做好维稳工作，需要坚持以问题为导向，以法治为引领，推动法治化、科学化、系统化、信息化相互融合，不断提升维稳工作的能力和水平，坚持法治引领，主动适应依法维稳的新要求。

一、当前信访维稳特点

在我国现阶段，发展是硬道理，稳定是硬任务，稳定压倒一切。维稳即维护社会稳定，1998年中央成立维稳工作领导小组，提出“稳定压倒一切”，此后该项工作一直成为地方党委政府的重点工作之一。信访维稳工作是一项具有长期性、复杂性、动态性的工作。我国信访制度的建立与发展有着深刻的历史、文化背景和社会根源，近年来发生的信访矛盾纠纷和问题，可归纳为以下几个方面：一是企业改制所引发的失业与社会救济、社会保障等问题导致的各类矛盾纠纷。二是城市扩建改建所引发的私房改造、征地拆迁、城市管理等问题导致的各类矛盾纠纷。三是“三农”方面的农村剩余劳动力转移、农村土地承包、换届选举、财务管理、农民减负、农村土地权属争议等问题导致的各类矛盾纠纷。四是国家重点项目占用农民土地补偿、环境污染等问题引发的各类矛盾纠纷。五是干部队伍中行政不作为、贪污腐败、司法不公等问题引发的各类矛盾纠纷。六是涉法涉诉问题引发的各类矛盾纠纷。

当前，我国改革进入攻坚期和深水区，这一阶段的重要特征就是社会进入矛盾多发期，甚至有些社会矛盾可能相对比较激烈。实践中出现的个别地方治安恶化、个体上访和群体性上访次数增加、群体性事件中的无直接利益冲突的群体性事件上升等都是这一特点的体现。当前我国信访维稳呈现出活动上行化、主体多元化、行为情绪化、上访组织化、引访倾向化。基层单位信访维稳工作出现了一些新的特点。

1. 信访主体呈现多元性

随着改革发展的不断深入，各种社会矛盾随之显现出来，更多的人开始通过信访的方式来表达自己的利益诉求。当前，基层单位信访对象涉及各行各业，信访主体包括矛盾纠纷当事人、困难群众、意外事故主体等。尤其是近些年来，随着我国民主水平的不断提高，广大群众的权利意识不断觉醒，基层单位的信访主体呈现出多元化的趋势，人民群众采用信访方式来维护自身合法权益的行为较为常见。

2. 信访诉求呈现复杂性

利益驱动是老百姓选择上访的主导性因素。当前，涉及个人或群体的各种信访诉求包罗万象、纷繁复杂，涉及政治、经济、社会生活的方方面面。企业改制、征地补偿、移民安置、城市拆迁、环保和重点工程建设等领域出现的问题仍然是群众信访反映的热点和难点问题。部分群众不到指定的场所反映问题，而是采取拦路、堵门、跪访、静坐等手段，情绪对立、行为激烈，有的与劝访干部发生正面冲突。一些群众的要求一旦得不到满足，就绕开乡镇、县区两级政府，动辄到市政府，甚至进京上访，企图通过上行式的信访给地方党委和政府增加压力。一些上访行为，在现场有指挥者，在幕后有策划者，组织化程度越来越高，给劝访、接访带来很大困难。不少群众片面认为“大闹大解决、小闹小解决、不闹不解决”。有的上访群众起初在一旁持观望态度，一旦看到其他上访行为引起上级部门重视后，立即群起而效仿，从而引发新的上访行为。

3. 信访行为呈现策略性

信访人更加注重信访策略的选择。有共同利益的社会群体往往聚集在一起，互相串联、通过聚众上访以扩大影响，给党委和政府施加压力。为达目的，部分上访群众动辄采取聚众闹访、围堵党政机关、静坐示威、扬言自杀等过激方式。上访的时间也有选择，重大节日、重要会议等敏感时期往往是群众信访活跃的时期，特别是赴省、进京越级上访人员大多会选择重要的节庆时间点。此外，上访群众往往还通过媒体放大效果以引起社会的关注，试图通过造成较大影响促进信访问题的解决。越级上访和重复上访事件多，非正常上访突出。更为严峻的是：一些地方信访呈专业化，信访“教授”、信访“协会”、信访“委托”等营利性组织滋生；有的地方还出现信访信息化，信访主体对政策的知晓、对领导活动的了解、对处理方式的预测都非常精准，以致处理这些信访问题往往十分棘手。

4. 信访处理呈现艰难性

作为基层组织，由于自身权限和资源有限，因此对有些信访诉求根本无力解决。有些信访问题历史久、时间跨度大，现有的政策法律条件难以处理当时的事情或行为。有些信访问题具有反复性，加上工作人员处理问题不当，导致信访问题长期悬而未决。有些信访事件具有突发性，处理稍有不慎，一件小事就有可能激起群众的对抗情绪从而引发大规模群体性事件。还有一些人为了达到个人目的，故意造谣、煽动群众闹事，更有一些别有用心的人企图通过集体事件来实现搞乱社会的目的，因此如果在解决问题过程中稍有不慎，矛盾就会波及更大的范围。

二、产生信访不稳定的因素

信访维稳工作中出现的新情况、新问题，是多种矛盾、多种因素相互交织造成的。引发上访的原因是多方面的。既有主观原因，也有客观原因；既有决策不科学、不全面的原因，又有一些部门不履行职责、不依法行政、不作为或乱作为的原因；既有少数群众坚持过高要求无理取闹的原因，又有经济发展滞后、经济实力较弱、解决群众合理需求能力不足的原因；既有我们现实工作中的问题，也有历史上长期积累的问题。概括起来，出现这些问题主要有以下几个方面原因：

1. 社会方面的原因

经济社会转型引发利益的重大改变，易引发频繁尖锐的社会矛盾。当前，我国正处于这种社会转型期，必然会产生各种各样社会矛盾。特别是市场经济体制的完善时期，改革造成利益调整或再分配，导致部分利益受损方不满；部分企业经营困难，导致部分企业职工下岗失业；新增劳动力就业压力大，民生问题日益增多，导致社会不稳定因素加大。

2. 制度方面的原因

信访的产生也与政策和法律制度不完善有关。例如，尽管我国行政管理和司法制度已走上正轨，但矛盾的释放管道还不够通畅，这往往成为影响社会稳定的因素；通过制度内渠道表达利益要求在有些地区和部门还存在表达不畅的问题，如个别机关仍存在的“门难进”、“脸难看”、“事难办”等现象，当不断产生的利益需求无法在制度内找到表达的渠道时，有些人势必会寻求制度外的表达渠道，上访就成为其中一种特殊的表达方式。有些政策制度规定不统一、不一致，如各种类型的征地补偿标准不统一等。有些地方对制定的有关信访工作制度实施力度还不够，责任追究不到人，致使信访工作责任没有完全落实。同时，现行的国务院《信访条例》属于行政法规，对有些非正常上访行为约束力度有限。对违反《信访条例》和不到规定地点非正常上访、越级上访、重复缠访、过激闹访和以各种利益诱访、煽访、串访以及借上访敛财等行为尚未健全相应的防控和处理机制，对违法上访行为打击力度不够，致使信访工作秩序不够规范，结果往往是让涉事群体产生“大闹大解决，小闹小解决”的心理。另外，我国现在的信访体制还有待完善。我国现在的信访体制是一种大信访格局，除了党委、人大、政府有专门的信访机构以外，各机关、部门都设立了自己的信访机构，而且信访不再是行政机关的专利，司法机关的申诉也被纳入了大信访格局之中。如果当事人不服司法机关处理决定，到政法委等机关上访，往往能导致案件的重新审理或复查，这实际上就将诉讼法的两审终审制等规定架空了；还有许多依法应当通过诉讼、行政复议等解决的事项被作为信访事项进行处理，这就使得一些已经进入司法程序的纠纷，可以脱离法律程序，再通过信访的方式寻求解决。因此，信访制度亟待完善。

3. 信访群众方面的原因

随着“依法治国”方略的不断推进和社会主义法治的日益完善，人民群众依法办事的自觉性有所提高，自我保护意识不断增强，但是还是有不少群众对法律法规了解不深、理解不透，有的甚至“断章取义”，为自己所用，片面强调法律法规中有利于自己的一面，不能做到权利与义务的统一。近年来，一些上访群众总把自己作为一个特色群体，把“上访”作为一种政治资本，认为自己享有的还不够，对政府提出了一些不合理的要求。

4. 政府职能部门工作方面原因

政府职能部门责权不清、推诿扯皮、为群众办实事不力是导致信访量增加和越级信访的重要原因。基层防范和维稳力量机构如“九龙治水”、各行其是，难以形成工作合力，其主要表现为：一是人员管理“各管各”。基层各维稳机构由不同的部门进行管理和指导。综治办、维稳办归口政法委指导；信访办归口信访局指导；司法所归口司法局管理。各归其口，势必众“口”难调，造成工作力量不能整合，信息无法共享，有限的信访维稳资源被“稀释”。二是职能发挥“各顾各”。基层各维稳机构各自定位工作职责。综治办、维稳办主要应付上级政法部门的报表、检查和评比；信访办主要应付处理上级信访部门的信访情况反馈；司法所主要应付上级司法部门布置的社区矫正、普法宣传工作；而重中之重的矛盾纠纷排查、化解和调处工作则成为盲区，没有落到实处。三是矛盾调解“各推各”。基层各维稳机构各扫门前雪，不仅较少深入基层问题一线，主动去排查化解调处矛盾纠纷，即使对已发现的矛盾纠纷，能推则推，能躲则躲，或交由驻村蹲点乡镇干部和村组干部去处理，自己乐担“二传手”，致使一些矛盾纠纷不能及时解决，导致小事拖大、大事拖“炸”。工作方法方面，个别部门不严格依法行政，工作脱离实际，损害了群众的利益；个别干部依法按政策办事的意识还不强，工作中存在“不作为、乱作为”的现象。个别领导干部处理复杂问题的能力和水平还不高，不会做、甚至不敢做群众工作；有的工作方法滞后，往往是坐等群众上访，被动地受理问题；有的工作缺乏预见性和主动性，不及时认真解决，错失了解决问题的有利时机；有的摆不正位子、放不下架子，不主动与群众沟通，习惯于行政命令，工作方法简单；有的甚至推卸责任、上移矛盾；等等。

三、当前信访维稳面临的困境

中国传统社会就有拦轿喊冤希望“青天”大老爷做主的传统。一些民众认为，通过司法程序解决问题往往需要时间长、耗费精力多，甚至难以解决，只有包青天式的清官、大官，才能为民做主。这种观念深入人心。所以一些民众到处寻找“包青天”。基层维稳工作难度越来越大，甚至陷入了“成本”递增、效益递减的怪圈。

1. 维稳自缚症

基层党委和政府既是维稳工作的实施主体，又是群众信访的主要对象。一起突发事件处置不当或处置不力，就可能引发大规模泄愤式骚乱。一些群众拉横幅到党委和政府门前示威、带着行李衣服到国家机关赖着不走、在街上敲锣打鼓、聚集多人上访等违反《信访条例》、《治安管理处罚法》的行为因没有得到及时处理，导致越级上访等非正常上访事件不断发生。一些当事人对检察机关的决定或法院的判决不服而上访；还有的决定或判决经过上级检察机关多次复议，案件经过多次审定，法律设置的救济渠道也已全都走过，而当事人仍然要上访。有些基层党委和政府面对无理缠访却不知所措，自缚手脚。

2. 维稳恐惧症

现行信访重大事项“一票否决制”，使地方党政部门的工作感到很大压力。维稳压力层层下传，高压之下，有些地方不惜投入维稳成本，有些基层干部经常产生“不稳定幻觉”，特别是每逢国庆节、“两会”召开等敏感时间，总是吃不好、睡不好。有些地方党委和政府维稳神经过度敏感，为平息事端，保一时稳定，甚至丧失原则，以突破底线作权宜之计，“花钱买平安”、“拿钱保稳定”。这种过分敏感的处置上访方式都是没有正确认识维稳工作的表现。这种“恐惧症”的做法，让一些人产生“谁刁难、谁蛮横、谁就得利”的思想，于是激发了一些人的“闹利”热情，还造就了一批“牟利”性职业上访群体。

3. 维稳虚弱症

《信访条例》对信访机构、处理程序和时限等都有明确规定，如实行三审终结制、到指定的信访机构进行信访等，还规定了违反《信访条例》的责任追究，但在有些地方这些规定都没有得到认真地执行。有些维稳机构维稳能力不足，难以应对复杂突发事件。有些基层干部不依法行政，执行政策随意性比较大，引发群众不满，导致集体上访；有的干部对涉及群众利益的问题，该解决的没有根本解决，对不该解决的又缺乏向群众做耐心细致的思想疏导工作；还有些干部的群众观念淡薄，发生上访时指责群众多，检讨自己少，工作简单粗暴，把本可通过劝说化解的矛盾弄激化了。有些政府部门敷衍推诿的现象比较严重，对一些涉及多个部门和棘手的信访问题，部门和部门之间配合不给力，导致群众反映的问题难以落实。

四、如何运用法治思维维护社会稳定

实践证明，领导干部只有具备法治思维和运用法治思维的能力，才能依法履职、依法决策，才能真正做到以法制促进矛盾化解，维护社会稳定。运用法治思维和法治方式维稳，就是要在维稳中坚持讲规则，依法办事，摈弃“搞定就是稳定、摆平就是水平”的做法。

1. 必须从源头上化解纠纷

做好信访工作，立足点在于解决问题、化解矛盾。在矛盾和问题产生之后妥善处理固然重要，但在矛盾和问题产生之前采取有效预防措施更重要。事前预防远胜于事后处置。在各类上访事件中，其上访事由是纷繁复杂的，但相当多的纠纷是因为公权力行使不当、决策程序不公开透明、执法不符合程序、暴力执法、司法不公，甚至是司法腐败等原因造成的。解决这些纠纷还是应从源头上进行，即要依法行政，保障司法公正，严格按照法律的规定和程序办事。源头工作最重要的是紧紧抓住出台政策、执行政策及矛盾排查这三个工作方面。在出台政策前，务必牢固树立群众观点，坚持走群众路线，从群众的根本利益出发，立足全局、立足长远研究和制定各项政策措施，切实做到没有兼顾各方面利益的政策不出台、得不到大多数群众支持的政策不出台、与民争利的政策不出台、配套措施跟不上的政策不出台，防止因政策措施制定不当而引发群众上访。在执行政策时，干部一定要端正思想作风，做到公道正派、不折不扣地贯彻落实各项政策，决不能在政策之外另搞一套，决不能违背政策干损害群众利益的事情，决不能利用手中权力谋取私利，防止因执行政策走样而引发群众上访。制定政策和执行政策涉及方方面面及千家万户，出现各种矛盾在所难免，这就要求政府各部门进一步转变工作作风，坚持定期和不定期地开展矛盾纠纷的排查和调处工作，及时发现和妥善处理苗头性矛盾问题，努力把矛盾化解在基层和萌芽状态。密切注视群众上访聚集的动向，切实做好上访鼓动者、串联者等“重点对象”的思想转化工作，将矛盾化解在萌芽状态。

2. 必须树立法治观念，依法维稳

做好维稳工作，必须依据宪法和法律并按照法定的程序进行，必须将维稳工作纳入法治化轨道，强调依法维稳。依法维稳就是要按照法治化、制度化的要求，坚持依法办事，按制度办事，做到法律制度面前人人平等，不能有特殊公民。尤其对私欲膨胀、无理取闹的人员，不能总是以息事宁人、花钱买平安的办法来对待他们，而是以事实为依据、以法律为准绳，依法处理。姑息、纵容这样的人及其行为只能破坏稳定和良好的社会秩序，使工作处于被动局面。在维稳中应当充分保护上访人的合法权益。有人认为，维稳和法治之间是矛盾的，“稳定就是搞定、摆平就是水平、没事就是本事”，只要能够搞定，就可以采取多种灵活手段，不讲法治，不计成本，甚至不惜突破法律条条框框的限制。这种认识显然是不妥当的，因为凡是不依据规则和程序而进行的维稳，即使暂时“摆平”，也会为新的纠纷的产生埋下隐患，而且从根本上不利于国家和社会的秩序稳定和制度建设。所以在维稳中出现了所谓的“大闹大解决，小闹小解决，不闹不解决”的不合理现象，与采用这种非法治化的做法不无关系。维稳过程中，必须牢固树立法治观念，化解矛盾、处理问题必须把法治意识摆在第一位，把各种社会矛盾和问题的解决纳入法治化轨道。

3. 认真对待群众信访诉求

群众上访，说到底是相信党和政府能够把他们反映的问题解决好。因此，要始终把解决问题，特别是把解决突出的矛盾问题作为衡量信访干部工作能力和水平的一个重要标准，要把信访问题放在重中之重的位置来抓，通过解决上访群众的合理诉求，使更多的信访群众息诉罢访。不要简单地把矛盾纠纷扣上“无理取闹”的帽子，要弄清事实，换位思考，甄别诉求的合法性、合理性，站在帮助维权的角度去审视维权，避免一开始就产生对立。要深入做好思想政治工作，将尊重人、理解人、关心人与引导人、教育人、说服人结合起来，把政策讲清，把道理讲透，尤其针对一些群众提出的不合理要求更要多做说服工作，帮助他们调整心态、理顺情绪。要切实加大督查督办力度，对群众提出的问题只要合理合法、条件具备，就要督促有关部门尽快给予解决，做到问题没有得到妥善和彻底解决，信访部门就决不放手，督查督办工作就决不停止。

4. 加强维稳机制建设

提高信访工作水平，不仅要靠热情和干劲，更要靠制度和机制。只有制度和机制才能保证问题得到长远和全面的解决。目前，维稳工作一般以政法机关为主，公安机关是维稳工作的主力军。而实际上，在解决社会矛盾工作中，事事都把政法机关、政法干警摆在前面并不利于问题的解决，而且极易导致矛盾升级、冲突扩大。要坚持创新机制与强化责任并重，构建党政主导、社会参与、机制完善、责任落实、各负其责、齐抓共管的维稳工作新格局。加强维稳机制建设，其中最重要的是加强信访机制建设：一要畅通信访渠道。坚持和完善领导下基层调研、接访、约访、下访等密切联系群众的好制度和好方法，安排领导周期性地接待来访群众、周期性地到基层了解信访工作情况；组织律师参与信访接待、推行信访听证会；建设集“接待受理、联合调处、跟踪反馈、协调指导、监督查处”等职能为一体的信访大厅，实行“一站式”服务，方便群众表达诉求；建立完善党代表、人大代表、政协委员定期接访制度，安排党代表、人大代表、政协委员定期到社区轮流接访；建立维稳信访专门网站，开辟网上信访渠道，实现网上受理、处理、查询、反馈和监督等功能一体化，让群众足不出户就可以解决信访问题。通过畅通信访渠道，切实解决了公民权利意识增强与表达渠道不畅的矛盾。二要健全信访工作机制。坚持信访工作“属地管理、分级负责，谁主管、谁负责”的原则，构建统一领导、部门协调、统筹兼顾、标本兼治、各负其责、齐抓共管的大信访工作格局。既要充分发挥信访部门协调、指导和督查的职能，确保工作到位，又要明确职责，分工协作，充分调动每一个责任主体的积极性和主动性，有效整合各方面的力量，努力形成信访工作的强大合力。三要健全和落实分类解决机制。对群众提出的合情、合理、合法要求，应当而且能够解决的，要尽一切努力，立即解决；一时难以解决的，要在说明情况、做好解释工作的同时，抓紧制定方案，积极创造条件，分步解决；确实无法解决或者要求不合理的，要做好深入细致的教育引导和控制工作；对确因政策失当、决策失误侵犯群众利益的，要据实向群众承认错误，及时纠正错误。四要完善信访工作绩效考核评价体系。把信访工作绩效考核纳入干部管理体系，对信访工作中的失职、渎职行为，对导致信访事项发生和违背信访事项办理规定，造成严重后果的，依照有关法律和行政法规追究相关人员的行政责任；对构成犯罪的，依法追究刑事责任。针对个别部门不严格依法行政，工作脱离实际，个别领导干部不会做、不敢做群众工作，推诿扯皮、推卸责任的情况，要进一步落实信访工作领导责任。坚持“谁主管、谁负责”和“属地管理”原则，形成一级抓一级、一级对一级负责的信访领导责任体系。强化信访工作责任追究制度，对属于初信初访引发重大矛盾和纠纷的，要倒查引发问题单位的责任；对引发重信和重访的，要倒查办理单位有关责任人的责任；对决策或审批不当引发群体性事件的，要追究决策或审批单位责任；对单位不作为、乱作为或因执法不当引发群体性事件的，要倒查相关单位责任。通过对各部门上访量的考核，推动初信、初访和其他各类信访问题的及时妥善处理。

5. 引导群众通过合法程序表达诉求

应当充分发挥司法在化解矛盾、解决纠纷中的主渠道功能。“信访不信法”的直接后果是司法功能的弱化，这显然是与法制建设的目标不相符合的。中国要实行依法治国的方略，就必须发挥司法机关作为解决社会矛盾主渠道的功能。程序正义是“看得见”的正义，如果离开了一定的程序来解决纠纷，对实体问题的判断就有可能出现“仁者见仁，智者见智”的现象，造成同一问题出现不同处理结果的局面，从而无法保证实体正义，甚至引发新的纠纷。通过公正的司法程序解决纠纷，能够充分发挥法律引导人们正当行为的功能，形成对遵守规则的合理预期。着眼于建设社会主义法治国家的战略目标，我们应当尽量鼓励人民群众依据法定的程序表达诉求，引导人民群众尽可能通过现行的法律制度和程序来化解矛盾和纠纷，而不应该鼓励程序外的纠纷解决机制发挥主导作用。司法机关本来就是按照宪法精神进行设置的，是专门解决社会纠纷的权威性、终局性裁判机关。这实际上是国家制度的一种安排，如果忽略了司法机关的这一功能，就背离了国家整体制度的设计，也会造成资源的极大浪费。更重要的是，如果没有公正、权威的司法，国家是不可能实行法治的。司法本身就具有将社会纠纷通过“程序中和”的方式加以解决的特点。在社会转型的时期，司法将各种社会冲突通过诉讼和审判机制予以吸收和中和，把尖锐的矛盾转化为技术问题，使社会冲突和矛盾通过一定的程序而得到公正的解决。因此，凡是能够通过调解、诉讼、仲裁等方式化解矛盾的，或者已经进入法定程序并可以通过法定程序解决的，应当遵循这些程序来解决纠纷。尊重法定程序是中国实现法治的必然途径。

案例

广东省茂名市芳烃（PX）事件

作为基础化工产品，芳烃（PX）已经成为当今人们生活中必不可少的元素，融入人们日常生活的衣食住行之中。全球生产的芳烃（PX），绝大部分都成为聚酯纤维的原料。大量的聚酯纤维被加工成服装，不仅满足全球60多亿人口的穿衣需要，还解决了自然纤维与粮食争地的问题，为我国节约近2亿亩耕地。中国正在进入汽车社会，而汽油中5%左右的成分是芳烃（PX）。从技术而言，芳烃（PX）也是提升汽油质量、降低城市雾霾的最佳选择。芳烃（PX）不仅与人们的衣着有关，它也是可以直接入口之物，比如药物胶囊，芳烃（PX）就是其原料之一。

广东省茂名市是中国重要的石油化工基地，茂名石化始建于1955年5月，原油一次加工能力超过2000万吨/年，乙烯生产能力约100万吨/年，他是我国首座产能达到100万吨/年的乙烯生产基地。

2012年10月，茂名市芳烃（PX）项目正式获得国家发展改革委批准，由茂名市政府与茂名石化公司采取合资方式共同建设。茂名市芳烃（PX）项目包括新建60万吨/年芳烃装置、配套建设原料及成品储罐、火炬设施，总投资350515万元。

2014年3月30日上午9时许，有80多名群众聚集在茂名市区油城五路大草坪并慢行通过市区部分路段，以表达对拟建芳烃（PX）项目的不满。

这是继厦门、大连、宁波、彭州、昆明等地，群众抗议芳烃（PX）项目后的又一事件。和以往不同的是，茂名市政府事先已认识到芳烃（PX）项目极具争议，并做工作试图消解争议，如进行密集的媒体宣传、举办科普座谈、召集专题学习会，政府官员还组织当地网友介绍、推广芳烃（PX）项目。

当天下午3时许，又有部分群众聚集茂名市委门前表达意见，有少数人扔矿泉水瓶、鸡蛋等，并拦截车辆造成交通堵塞，警察带回挑头人员29人协助调查；当晚20时许，一群不法分子开始在市区拦截车辆，实施打砸行为，事后开始冲击茂名市委北门和东门。晚23时许，违法分子将停在市委东门附近一辆正在执勤的警车烧毁，随后小部分闹事者开始乘摩托车继续在市区多个地方打砸沿街商铺、广告牌，纵火烧毁多辆执勤警车及无线电通信车、拖车等。事发后，公安机关迅速行动，果断处置，有效控制了局面，事件中没有人员死亡。

广东茂名市政府当天发布通告，称市区少数市民未按照《中华人民共和国集会游行示威法》的规定，未向主管机关提出申请并获得许可，就针对拟启动的芳烃（PX）项目举行集会游行示威，属严重违法行为，严重影响了社会秩序，市政府坚决反对这种违反《中华人民共和国集会游行示威法》等法律法规的行为。针对广大市民表达的意见和诉求，市政府在项目论证的过程中，一定会落实群众的知情权、参与权，如实向国家有关部委和专家反映情况，切实做到项目建设实事求是、依法依规。茂名人关心茂名这座城市，说明城市发展大有希望。

2014年3月31日，茂名市政府新闻发言人接受采访时表示：广大市民关心芳烃（PX）项目，市政府十分理解，该项目现在仅是科普阶段，离启动为时尚早。在考虑项目上马时一定会通过各种渠道听取公众意见后再进行决策。如绝大多数群众反对，市政府是不会违背民意进行决策的。请广大市民理性表达意见，共同维护社会稳定。

公众对工程项目可能带来的环境影响表达关注和焦虑，完全可以理解。但也应承认，很多这样的焦虑，更多是从个人主观的判断、先入为主的经验而来，并不一定正确。就算是表达诉求，也需要坚守一个“法”字。以法治思维和法治方式推动发展、化解矛盾，应是全社会的基本共识。政府依法行事，市民依法维权，只有在法制的框架中和法治的轨道上，才能实现理性对话，才能最终消除那种因偏见导致的杯弓蛇影和因曲解带来的风声鹤唳。

在涉及群众利益的问题上，再细的群众工作也不为过。地方政府要拿出谋发展的热情来认真做群众工作，就不难穿越隔阂、消除误解、赢得信任，维护社会和谐稳定。

五、基层信访维稳工作的基本要求

1. 宜早不宜迟，尽量避免矛盾转化升级

化解矛盾应有主动作为，拖着矛盾不解决就是在积累矛盾隐患。化解各类矛盾就是积极主动将排查出的各类矛盾进行认真梳理，分类归口，及时把矛盾化解在萌芽状态中，将大事化小，小事化了，把问题解决在基层。对群众反映的应该解决而又能解决的问题，要依照有关法律、法规和政策，及早加以解决；一时解决不了的，要及时做好宣传解释工作，积极创造条件，使问题尽早得到解决。这也是领导干部的工作态度问题。对于一时难以解决的问题，不能久拖不决，相关承办单位应主动和分管领导沟通，按照“一事一议”“一案一策”的原则，提出合理的化解方案；依据相关政策规定，按照“成熟一个化解一个”的工作方针，抓住最佳的时机，用最小的时间成本去化解各类矛盾。绝不能因怕麻烦、怕批评，或因下级与上级之间、部门与部门之间不主动沟通交流和协调，对已排查出的矛盾进行相互推诿、久拖不决，把“小事拖大”，造成越级上访；把“大事拖炸”，使信访积案变成缠访，给信访工作带来难以逆转的困难。

2. 宜管不宜推，及时做好现场工作

有事不怕事、出事敢担事，就是要求领导干部具备迎“刃”化解各类尖锐复杂矛盾的勇气与智慧。对上访者反映的问题，要认真研究，逐一加以解决，决不能层层批转，要限期处理结案。不能把矛盾推向上级、推向社会，要按照“谁主管，谁负责”的工作原则去落实化解矛盾的责任，相关领导干部和部门要敢于担当，不能一遇到较复杂的矛盾就躲着、绕着，不敢面对矛盾、不愿承担工作责任。维稳工作是“党政同责”“一岗双责”“分工负责”，这就明确了各级领导干部责任担当的重要性。是谁分管的口子出现了问题和矛盾，谁就应该主动负责，履行督导与协调责任，敢于直面各类复杂的矛盾。

3. 宜导不宜激，坚持安抚疏导

接到不属于本部门办理的信访案件，要及时引导和指导上访者到规定部门和单位去办理；对不符合政策要求和一时解决不了的问题，要积极劝导，防止矛盾激化，反对草率行事、粗暴行政。这是领导干部化解各类矛盾的工作方法。要立足于疏导教育，对群众信访活动加以正确规范和引导，确立群众依法维权、依法信访、文明信访的意识，对确无实际问题需要解决，经做耐心细致的思想教育工作后仍缠访、闹访不止的重复上访户、上访老户，要采取多种形式，讲清道理，从情、理、法角度做耐心说服教育工作，必要时坚决依法促教，采取司法手段促使其思想转变。

4. 化解各类矛盾要以诚相待，不能“哄”

要以诚相待，用心去化解矛盾。如果在化解矛盾时，对当事人有“瞒哄”现象，缺乏坦诚，厚此薄彼，那么工作上一旦出现纰漏就很难自圆其说，就可能导致矛盾不断升级，留下诸多隐患。我们提倡要以诚相待地去化解矛盾，这个过程就包含着用心去沟通交流，还原事实真相，给予客观公正的评价和结论。只要用心化解各类矛盾，只要上下级、部门与部门之间或对当事人都真实地反映和反馈化解矛盾的情况，不遮遮掩掩，不瞒着“哄”着，那么就可以大大提高化解矛盾的成功率，最大程度地减少矛盾隐患。

5. 化解各类矛盾要依法合理，不能“惯”

化解各类矛盾要依法、依规、依政策，尽最大努力去满足合理诉求，对不合理或不合法的诉求要坚持原则或底线，不能无限满足信访人的要求，扭转一些人借闹访、缠访的行为以达到和满足其不合理诉求的不良现象。比如，在化解疑难问题时，领导干部可能为了息事宁人，去寻找捷径尽快化解矛盾，满足了某些欠合理或不合法的诉求，但结果就有可能使其他诉求无休止膨胀，要求解决问题的数量越来越多、砝码越来越高，久而久之就会形成“按下葫芦浮起瓢”的负面效应。对此，领导干部在化解矛盾纠纷时，一方面，要坚守法律法规和相关政策的底线，不能因化解矛盾而突破原则或底线，“惯”出更多的隐患；另一方面，要做好相关法律、法规和政策的宣传解释工作，积极引导相关人员通过合法途径去解决问题和化解矛盾。

综上所述，领导干部在面对各类矛盾问题时，要保持良好的工作态度，认真分析矛盾产生的原因，务实弃虚，努力把握时机，顺势而为，同时要建立干部问事、群众说事、集中议事、及时办事、定期评事的“五事”制度。当然，信访难题的化解不仅需要政府优化信访环境、规范信访行为、强化工作责任，更需要政府从根本上解决人民群众对美好生活的需要与发展不平衡不充分之间的矛盾。

第七章　行政应诉中的法治思维

行政活动十分频繁复杂，涉及的内容非常广泛，对行政相对人权益的影响也十分深刻。行政诉讼是行政救济最重要的制度设计之一。为防范行政主体乱作为、不作为，行政诉讼制度应运而生。行政诉讼首先是行政系统外部的一种纠错机制，在诉讼法学上，也称之为异体监督方式。因行政权可能产生的侵害，行政法因此设计了两种机制：一种是行政复议，即通过行政的渠道解决错误的行政行为；另一种是司法途径，即通过行政诉讼的渠道解决错误的行政行为，跳出了行政体制的框架来救济权利。这是行政法治化的产物，体现了国家法治、政府法治和社会法治的价值精神。行政复议是上下级行政权力的纵向层级监督。行政诉讼是一种横向的权力监督机制。行政诉讼是一种事后救济机制，是相对人合法权利救济的最后一道保障线。行政诉讼具有定纷止争、权利救济、法律监督三大基本功能。

案例

贵阳中院审理全国首例副省级干部亲自应诉的行政诉讼案

2016 年 4 月 11 日上午 9 时 30 分，贵阳市中级人民法院行政庭，法槌落下，这起由村民不服贵州省人民政府驳回行政复议申请的行政诉讼案件正式开庭。特别的是，这也是全国首例副省长出庭应诉的行政案件。原告席上是来自遵义县泮水镇的丁家强，虽然他请来了北京律师，但他的表情还是略显紧张。而在对面的被告席上，端坐着作为行政机关负责人出庭应诉的副省长陈鸣明。一小时庭审结束后，陈鸣明主动走到原告席，与丁家强和代理律师握手问好，赞许丁家强通过法律途径表达诉求的行为。

上午9点，原告丁家强首先步入法庭，落座后与律师抓紧最后时间交流。9点20分，穿着浅蓝色衬衣、黑色西裤的陈鸣明缓步走进法庭，与省政府法制办两名工作人员进入被告席落座。此时，能容纳50多人的旁听席已满员，还有不少站着的旁听者。除了媒体记者和普通市民，旁听席中还有来自贵州省发改委、遵义市（县）人民政府等单位的几十位干部。9点30分，法官宣布开庭。丁家强的代理人李春兰律师首先发言，陈述原告方诉求。47岁的丁家强家住遵义县泮水镇青丰村，2015年6月，因贵州省白黔高速公路项目建设需要，丁家强的部分土地及苗木被征收，他认为土地征收依据即遵义市人民政府做出的遵府办函〔2015〕34号《市人民政府办公室关于印发白黔高速公路工程（遵义境）建设项目征地拆迁安置补偿方案的通知》违法，遂向贵州省人民政府申请行政复议。省政府经审查认为不属于行政复议范围，驳回丁家强的行政复议申请。丁家强因不服贵州省政府做出的复议决定，于2016年2月以贵州省政府为被告，向贵阳市中级人民法院提起了行政诉讼。

庭审1小时，副省长发言16分钟。法庭上，陈鸣明认真聆听原告方的陈诉意见，并仔细地做着笔记。轮到被告方陈诉，陈鸣明用了6分多钟阐述完毕，言辞精练，语调温和。他对案件脉络进行了简明扼要的梳理，对原告方提出的焦点问题进行了一一回应，之后由省政府法制办的工作人员对细节和适用的法律条款进行举证和质证。双方经过长达40多分钟的法庭举证和质证之后进入最后陈诉阶段，本案争议的焦点：一是征地拆迁安置补偿方案的通知是否属于行政复议受案范围；二是省政府做出的驳回行政复议申请的决定是否合法。原告方仍坚持己方的诉讼请求，被告方认为《国有土地上房屋征收与补偿条例》第十条、第十一条、第十三条、第十四条规定了公众参与房屋征收补偿方案制定的机制、征收决定需要载明的内容、公众不服征收决定的救济渠道等，故原告申请行政复议的事项不属于人民政府行政复议的受案范围，被告贵州省政府做出并送达原告的黔府行复驳字〔2015〕6号《贵州省人民政府驳回行政复议申请决定书》所认定事实清楚、适用依据正确、程序合法，请求法院驳回原告的诉讼请求。

在最后陈诉阶段，陈鸣明的总结发言用时10分钟：第一，贵州要推行法治贵州建设，依法行政，他出庭表示了贵州省各级政府建设法治政府的决心和行动；第二，丁家强提起行政复议的方式，表达自己的诉求值得肯定，政府认可；第三，人民政府就是为人民服务，政府工作经得起历史的检验、群众的检验，并在阳光下运行，应该接受群众的监督、舆论的监督和法律的监督；第四，贵州要后发赶超，人与人、人与政府之间在发展中都会有困难和矛盾，贵州是脱贫攻坚的主战场，不管群众遇到什么困难，政府都会尽力而为，群众有诉求要反映，这个诉求能否得到满足，也要根据政策、法律法规来实现，要相信办法总比困难多。最后，法官宣布本案将待合议庭合议后择期宣判。

庭审结束，被告和原告分别签完法庭文书。陈鸣明起身离开被告席，面带微笑径直走向原告席。感到意外的丁家强立即站了起来，紧接着是四手紧握。陈鸣明称赞律师表现很好，对老丁能用正确方式来处理问题，他更表示了赞许，也希望老丁好好生活，不要因为法庭诉讼的事给生活造成困扰，“我们都要用好的心态一起等待，相信法院有公正的判决。”来自北京新翰律师事务所的李春兰律师表示，今天她和老丁得知出庭应诉的是副省长都吃了一惊。在她10多年的从业经历中，在全国各地都有承接行政诉讼案件，面对过的领导就是区（县）长级别的处级领导，没想到在贵州，这次是副省长亲自出庭应诉，这对案件本身来说就是一个好的开始，不管是否胜诉，都会全力以赴。杜玉朝在六盘水市法制办工作，这次是专程赶到贵阳来旁听。他说，之前只是听说行政“一把手”要出庭应诉，没想到是副省长亲自出庭应诉，这在全国都很罕见。对于亲眼见证全国第一例由副省长出庭应诉案件，旁听席上的市民张先生很兴奋，对庭审过程，他的评价是：原告有些紧张，律师言辞很犀利，省长很儒雅、很淡定。

“告官不见官”的现象一直为公众所诟病，为此，2015 年国家出台的新《行政诉讼法》新增规定：“被诉行政机关负责人应当出庭应诉。不能出庭的，应当委托行政机关相应的工作人员出庭。”这就意味着，以后开庭时行政机关负责人应当到庭应诉，甚至接受法庭和原告方的质询，再也不能像以前那样只要委托律师或法律工作者代理就万事大吉。

行政诉讼法施行以来，各级政府依法履行行政应诉职责，取得了积极成效。但消极对待行政应诉、干预人民法院受理和审理行政案件、执行人民法院生效裁判不到位、行政应诉能力不强等问题依然存在，有的还较为突出。领导干部法治思维的形成需要借助一定的“虚招”，但更需要采取特殊的“实招”。把行政机关负责人“逼上”法庭就是塑造法治思维“万里长征”的第一步，能够迅速调动行政机关负责人学法、知法、懂法、用法的积极性。

一、行政诉讼中被告消极应诉的表现形式

党的十八大报告明确提出要“提高领导干部运用法治思维和法治方式深化改革、推动发展、化解矛盾、维护稳定能力”。领导干部法治思维的形成既可以通过外在的法制宣传和考核，也可以通过内在的亲身实践。实践证明，行政机关负责人亲自出庭应诉、在法庭上与原告面对面地展开辩论，比多次被动学法更有效果。推行行政机关负责人出庭应诉制度，就是培养领导干部“办事依法、遇事找法、解决问题用法、化解矛盾靠法”的良好习惯。行政被告消极应诉是指行政主体接到法院应诉通知书后不积极主动参与诉讼活动甚至干扰诉讼行为的一种消极状态。行政被告消极应诉的表现形式有以下几种。

1. 将诉讼行为一揽子交给代理人的消极应诉

在行政诉讼中，行政被告寻求专职律师或者其他人代理其诉讼行为

本是无可厚非的，但是在我国行政诉讼实践中，一些行政实行将所有的诉讼行为一揽子交给代理人，行政被告既不介入行政诉讼，又对代理人的行为不闻不问，行政被告与代理人是两张皮的关系，一些行政被告在整个行政案件的处理中既不了解诉讼程序，也不了解人民法院审判的过程。总而言之，这种一揽子代理的处理方式看似严谨实则在很大程度上割断了行政被告与人民法院的联系，割断了行政被告与原告的联系，割断了行政被告与整个行政诉讼过程的联系。

2. 不当运用证据规则的消极应诉

我国《行政诉讼法》对行政诉讼的证据规则做了如下规定：被告对做出的具体行政行为负有举证责任，应当提供做出该具体行政行为的证据和所依据的规范性文件；在诉讼过程中，被告不得自行向原告和证人收集证据；人民法院有权向有关行政机关以及其他组织、公民调取证据等。然而，在行政诉讼实践中，一些行政被告不遵守行政诉讼制度确立的证据规则，有些行政被告变相地将举证责任推给原告；有些行政被告在原告起诉以后匆忙收集证据。行政被告不认真对待证据规则的行为是一种较为典型的消极应诉。

3. 在庭外向司法机关施加影响的消极应诉

行政诉讼是在人民法院的主持下进行的，与其他诉讼制度相比行政诉讼中的“主持人”和被告都是国家机关，这是一个非常特殊并带有一定悖论的问题。在行政诉讼实践中一些行政被告在庭外对司法机关进行影响，或者较为柔和地提醒人民法院考虑所谓行政管理的大局，也有一些行政被告通过党委和其他机关的协调功能来对人民法院施加影响。行政被告实施这种行为的目的在于淡化司法机关对行政行为的司法审查，更严重一点讲在于淡化人民法院通过行政诉讼制度对相对人权益的保护。

4. 有选择执行法院判决的消极应诉

执行难是我国人民法院长期以来所面对的司法难题，执行难的讨论大多限于民事案件，而对行政诉讼执行难的问题关注得并不太多。事实上，行政诉讼中的执行难同样是困扰我国的一个司法难题。行政行为一旦被否定就意味着行政机关职权行使的错误，进而导致行政权威的下降，甚至追究相关行政部门和领导的责任。正因为行政机关败诉的判决会对行政被告造成如此大的影响，因此行政被告不执行人民法院判决的情况时常发生。不执行人民法院判决是行政被告消极应诉最为恶劣的行为之一。

5. 蔑视司法建议的消极应诉

行政诉讼中的法院在两种情况之下发出司法建议：一是行政被告胜诉后人民法院发出的司法建议，在这种司法建议中行政被告的行政行为没有实质上的违法或不当，但存在一定的程序瑕疵，而这种程序瑕疵是非关键性的，但是人民法院为了使行政被告在以后的工作中避免这样的瑕疵而建议其予以改进。二是当行政被告败诉后人民法院所做的司法建议，这种司法建议所针对的是被告具体行政行为实体上的问题或者程序上的问题提出的，目的是让其改进工作。上述两个方面的司法建议都是一种法律行为，但是，在法治实践中有些行政被告并不认为司法建议具有法律行为的性质，而且常常不认可人民法院对其说三道四。

二、充分认识行政应诉对法治政府建设的意义

行政首长出庭应诉，是现代法治社会建设文明发达的标志。通过庭审这一平台，能够体现原告和被告双方平等的诉讼地位，向公众展示公权力由人民赋予、受人民监督和对人民负责的本质属性。但从我国近三十年来行政诉讼制度的实践来看，行政首长不出庭应诉几乎成常态，人民群众对“告官不见官”的问题反响强烈，人大代表和政协委员为此也连年呼吁。作为党的十八届四中全会之后国家立法机关所进行的首次重大修法活动，新《行政诉讼法》总则篇中明确规定“被诉行政机关负责人应当出庭应诉”，这是全国人大常委会认真总结我国行政诉讼司法实践后做出的立法选择。国务院办公厅印发了《关于加强和改进行政应诉

工作的意见》，最高人民法院也下发了《关于行政诉讼应诉若干问题的通知》，就行政机关出庭应诉的相关问题和法律程序予以规范和明确。这是新行政诉讼法实施以来，国家最高行政机关和最高司法机关贯彻落实中央关于加强和改进行政应诉工作的具体举措，也是对行政机关出庭应诉相关问题做出的具体制度安排。行政首长应诉的作用体现在以下几个方面。

1. 有助于领导干部法治思维的锤炼

领导干部法治思维的形成既可以通过外在的法制宣传和考核，也可以通过内在的亲身实践。实践证明，推广行政机关负责人出庭应诉制度，就是培养领导干部“办事依法、遇事找法、解决问题用法、化解矛盾靠法”的良好习惯。

2. 有助于行政争议的实质性化解

修订后的《行政诉讼法》第三条第三款规定：“被诉行政机关负责人应当出庭应诉。不能出庭的应当委托行政机关相应工作人员出庭。”行政机关负责人出庭应诉，可以起到“三赢”的积极作用：一是对原告而言，能够从心理上得到安慰，因为平常一般难以见到的行政机关负责人，在法庭上与原告平起平坐了，尤其是城市拆迁、社会保障等民生问题的涉诉行政案件；行政机关负责人亲自出庭，能够让原告切实感受到政府的重视，也能够让行政机关切身体会到问题的症结，从而为解决行政争议创造一个气氛融洽的平台。二是对被诉行政机关而言，行政机关负责人出庭应诉，能够充分反映政府法治建设的信心和能力，展示行政机关良好的素质和法治形象，有利于依法行政工作的推进。三是对审判机关而言，行政机关负责人出庭应诉，体现了对司法的尊重。作为庞大行政资源的掌控者、行政争议预防的责任者和被诉行政行为的知情者，行政机关负责人亲自出庭应诉展现了行政机关放下身段寻求问题解决的诚意，从而为行政争议的实质性化解提供了可能。鉴于我国目前行政案件上诉率、申诉率居高不下的现状，必须大力推行行政机关负责人出庭应诉制度，使更多的行政争议能够在官与民的直接交锋中得到妥善化解，尽可能降低行政相对人维权的成本并节约有限的司法资源。

3. 有助于形成社会共识的制度平台

“民告官不见官”、“法官审案不见官”是长期困扰行政审判工作的难题。被诉行政机关负责人的“不到场”透露出行政机关的傲慢姿态。当民众将行政争议提交法院寻求解决时，至少表明其对体制内的正式权利救济方式认同的态度。如果行政机关的负责人不亲自出庭应诉，原告就难免对“诉权平等”、“程序公正”的诉讼理念产生怀疑，更无法将自己的遭遇、诉求乃至怨气直接传递给行政机关负责人，其与行政机关之间的心结就难以真正解开。长此以往，民众与行政机关之间的裂痕就无法得到弥合，社会戾气极易扩散。因此，大力推行行政机关负责人亲自出庭应诉，就能够真正体现官与民之间形式意义上的平等，使行政诉讼制度真正成为官与民之间共同上演的“擂台戏”。通过原告与被告之间的公开论辩和理性交锋，不仅能够有效缓解原告心中的怨气，而且还能展示行政机关做出相应行政行为的真实考量，进而寻求行政争议和解的可能。相比较无序的街头抗争和信访维权而言，法庭论辩更能凸显行政争议化解的公正性，进而成为弥合官民裂痕、凝练社会共识的制度平台。

案例

嘉兴市市长胡海峰率市政府领导班子旁听“民告官”案件审理

2017 年 5 月 9 日下午，第八届嘉兴市政府领导班子的成员，在嘉兴市市长胡海峰的带领下，与市政府工作部门及有关单位主要负责人共 100 余人一起，旁听了在嘉兴市中级人民法院审理的一起行政诉讼案件。据了解，这次是嘉兴市政府和嘉兴市中级人民法院召开的联席会议，也是规模最大的一次府院联席会议。通过旁听案件的形式，进一步树立新一届政府的法治思维，彰显建设法治政府的决心和信心。

2016 年，桐乡市崇福镇秀琴沙石供应站因堆场关停一事将桐乡市崇福镇政府告上法庭。桐乡市人民法院经审理后判决：一、撤销被告桐乡市崇福镇人民政府2014年8月2日做出的《崇福镇违法砂石料加工场、堆场限期关停告知书》；二、驳回原告桐乡市崇福镇秀琴沙石供应站赔偿损失的诉讼请求。对于此判决，桐乡市崇福镇秀琴沙石供应站负责人表示不服。因此，于2017年1月，上诉至嘉兴市中级人民法院。要求撤销桐乡市人民法院行政判决，并依法改判。在今天的法庭上，双方围绕供应站合法性、崇福镇行政行为合法性等问题展开了辩论。胡海峰说："这次会议，经我提议，参会人员扩大到市级部门、县（市、区）政府主要负责同志，会场也特意设在市中院的法庭上，主要目的就是变法庭为讲堂，让大家身临其境，感受法律、体会法律，进一步增强对法律、法治的敬畏之心，不断提高依法行政的意识和水平。同时，通过加强府院之间的密切联系，合力预防和化解行政争议与矛盾，创造更加公平公正的法治环境。"

会上，胡海峰以嘉兴市的几个实际案例为例，并从行政主体不适格、事实认定不清楚、程序执行不规范、法律适用不准确、责任履行不到位等五个方面，分析和讲解了比较容易引发行政争议、导致行政行为违法的问题。对下一步依法行政工作，胡海峰强调：各级政府和行政机关要进一步规范行政行为，牢牢抓住依法决策和规范执法两个关键环节，从源头上预防和化解行政争议；要进一步加强行政复议工作，畅通行政复议渠道，提高行政复议质量，推进行政复议体制改革；要进一步做好行政诉讼工作，落实好出庭应诉法定职责，发挥好行政诉讼倒逼机制，继续加强行政司法互动。

三、构建行政诉讼应诉制度

我国《行政诉讼法》修改后，各级及其所属部门当被告的概率大大增加，面对这种新情况，各级政府及其所属部门应当建立行政诉讼应诉规程，防止消极应诉损害政府形象行为。依法积极应诉，依法规范应诉，是建设法治政府的必然要求，也是全面推进依法治国的应有之义。建立行政诉讼应诉规程应当包括以下三个方面的主要内容。

1. 建立行政应诉承办制度

首先要确定应诉的责任主体。从工作职能来看，政府为被告的行政应诉，原则上确定由政府法制机构为应诉责任主体统一应诉。各行政机关的应诉确定由行政机关自身组织应诉。各行政机关设立法制科的，由法制科为责任主体，未设立法制科的，由其综合科为责任主体，也可由法律顾问为责任主体。鉴于《行政诉讼法》修改后复议机关作为共同被告，各行政机关的应诉应由政府法制机构统一指导审查。其次是要确定应诉方案和意见。应诉方案应当就原告起诉资格、诉讼时效、诉讼请求及理由等方面进行分析审查，审查后提出应诉意见。应诉意见应当包括案情简介（事实、证据、法律依据）、案件诉讼结果分析、拟定出庭应诉参加人、答辩意见、行政行为是否停止执行的意见、诉讼期间是否撤销或变更行政行为（复议决定）的意见以及其他需要说明的事项，并将应诉方案和意见报行政机关负责人审批。

2. 建立行政应诉考核制度

为防止消极应诉，维护政府及其所属部门的行政权威，应当建立行政应诉考核制度，依法对行政诉讼应诉工作进行考量，把行政应诉工作的考核与依法行政工作考核相衔接。对无正当理由拒绝、推诿履行或未及时履行答辩、举证等义务导致案件败诉的；因应诉工作不当而受到复议机关或人民法院通报的；未自觉执行生效的复议决定、判决、裁定，或者未按规定反馈、落实复议意见书、复议建议书、司法建议书的；因故意或重大过失导致案件败诉的；未依法落实行政首长出庭应诉制度的；未依法履行行政应诉职责，引导影响社会稳定的群体事件或造成其他重大不良影响的等消极应诉行为，应当追究有关责任人员责任。

3. 建立行政应诉队伍制度

行政诉讼具有专业化的特点，且原告也不是孤立的，大多有身经百战的专业律师作为代理人。各级政府及其附属部门要高度重视建立和培养专业化的行政应诉队伍。应诉不能仅靠聘请律师代理了事。行政执法的专业性、技术性，要求行政机关必须事必躬亲，借律师“外脑”解决诉讼程序问题，行政行为的行政程序问题仍然靠行政执法人员来解决。建立和培养行政应诉队伍显然十分必要。应诉队伍应具备以下能力：一是具有专业知识能力。应诉人应具有扎实的行政业务知识和丰富的工作经验，还应熟练掌握行政诉讼规则，具备相应的应诉技巧。二是具有洞察和判断力。行政案件的复杂性要求应诉人员要有洞察力和判断力。应诉人员应当根据起诉状洞察原告的起诉目的、诉讼策略；通过证据材料、法律条文，分析案件的本质，从而做到“知己知彼”，确保在法庭上立于不败之地。三是具有语言表达能力，应诉人员应具有较好的文字、口头表达能力，二者缺一不可。否则，影响应诉效果。四是具有临场应变能力。法庭情况错综复杂，应诉人员应能根据具体情况做出灵敏反映，快速调整思路，修正观点，确定新的对策，恰到好处地处理和应付新情况、新问题。

四、行政应诉中法治思维运用

行政应诉策略是指行政机关作为被告时，为做好应诉工作而采取的办案思路与技巧问题。按照行政诉讼法的规定，人民法院审查行政行为主要有职权来源审、事实审、证据审、程序审、法律审。下面从行政诉讼几个关键环节来探讨行政机关的一些应诉技巧和应诉中法治思维运用。

1. 应诉准备阶段法治思维运用

应诉准备是在行政机关收到人民法院送达的起诉状及传票后立即着手为开庭所做的准备工作，包括应诉人员的组织、出庭手续的办理、答辩意见的提出、证据的准备以及庭审攻略准备等几个方面。这是行政机关应诉工作的基础性工作，也是对行政行为的事后审视、事后检测以及对行政行为可能存在瑕疵的修补过程。

（1）要熟悉法条

作为行政机关的被告，参加行政诉讼活动首先要熟悉行政诉讼所涉及的法律、法规等。目前，《行政诉讼法》（2015 年 5 月 1 日施行）、《最高人民法院关于适用〈中华人民共和国行政诉讼法〉若干问题的解释》（2015 年 4 月 20 日通过）、《行政复议法》（1999 年 10 月 1 日施行）、《行政复议法实施条例》（2007 年 8 月 1 日施行）在行政诉讼中运用得非常频繁。当然，根据案件不同，有的案件还会用到《行政强制法》、《行政处罚法》、《国家赔偿法》、《信访条例》、《政府信息公开条例》等。在诉讼前，应该熟悉相关法律条文。

（2）了解案情

行政机关参加诉讼前，一定要与行政机关本案的经办工作人员充分进行沟通，了解行政机关做出该行政行为的整体流程，包括做出行为的原因、时间、手续、程序等，因为这些节点都可能成为行政诉讼的关键依据。切忌在拿到传票后迟迟不开展应诉工作，答辩期快届满前才开始准备案件，这时候由于时间匆忙，很容易导致证据搜集不齐，案件事实了解不清等，导致行政机关在诉讼中处于不利地位。

（3）组建应诉团队

行政机关参加行政诉讼，一般要求负责人出庭参加应诉，如负责人无法前来，可以委托该行政机关其他工作人员参加诉讼。应诉人员在诉讼中为代理人，依法限定为 1～2 人出庭，因此，选择应诉人员是非常慎重的。在实践中一般做法是委托法律顾问律师出庭应诉简单了事。按照我国《行政诉讼法》的立法要求，行政机关的应诉人员可形成三个层次结构：行政机关负责人、主承办人、律师，组建应诉团队应当结构合理，搭配适当。

（4）办理出庭手续

按照我国《行政诉讼法》的规定，出庭应诉必须办理相关手续，就行政机关而言，应准备的手续有：职权证明、行政机关负责人证明、委托代理手续、出庭人员的身份证明等。接到应诉通知书后，应诉人员首先是要关注手续的办理。在接到起诉状后，还应当关注诉状的收发流转，特别注意时效性的要求，如答辩诉状、证据的提交时间，这会影响案件的胜败。

（5）梳理审查案件材料

应诉人员接受应诉任务后，必须立即认真对案件材料进行梳理、审查。应诉人员梳理、审查案件材料的目的是熟悉材料，发现问题；归纳争议焦点，提出答辩意见；准备庭审，总结经验。在这个过程中，应当做好案件材料分类工作。通常是把案件材料分为以下几类：事实证据类，即查明事实的材料；程序证据类，包括案件来源登记表、立案审批表、送达相对人和关联人的各类通知书、实施（解除）强制措施决定书及财物清单、抽样取证记录、各类告知书、听证告知书、决定审批表、各类回执等。

2. 举证阶段法治思维运用

人民法院审理案件，其核心在于用“证据”说话。法庭调查阶段的实质内容就是举证、质证，而行政诉讼中被告承担举证责任。行政机关的应诉必须在举证上下足工夫。

（1）明确证据的基本特征

行政诉讼中的证据具有三个基本特征或基本要求：一是客观真实性。证据必须是客观反映事件事实，独立于人的主观意识之外的客观存在。证据必须要有原件，比如，书证有原件，物证有原物，鉴定意见是合法的鉴定机构做出的等。任何人不能主观臆断或恶意捏造。二是合法性。证据必须是通过合法程序、运用合法手段取得，且符合法定形式，才可以作为定案证据，否则，是不可被采用的。三是关联性。就行政机关而言，关联性表现为对有争议的行政行为具有客观联系，也表现为与做出行政行为所依据的事实有客观联系。关联性的形式与方法是多方面的，可以是与结果、时间、条件、手段的存在关联性。

（2）明确举证规则与证据标准

《行政诉讼法》除明确规定被告承担举证责任外，还规定了被告的举证规则。人民法院向被告送达应诉通知书时，也明确告知被告举证范围、举证期限和逾期提供证据的法律后果以及申请延期举证的法定事由。应诉人员应当严格按照法律规定的举证规则进行举证，按照《行政诉讼法》第三十四条的规定，被告负举证责任。被告不提供或者无正当理由逾期提供证据，视为没有证据。所以应诉人员必须关注举证时间。《行政诉讼法》第三十五条规定："在诉讼过程中被告及其诉讼代理人不得自行向原告、第三人和证人收集证据。"诉讼期间，收集证据是法律所禁止的，切忌将瑕疵补正为变相收集证据。在举证中，证据符合排除合理怀疑标准。排除合理性怀疑标准就是证据必须确凿无疑，没有被推翻的可能，具有排他性，不会产生任何怀疑。这个标准对行政机关来说是非常高的要求。证据除了具备证据"三性"外，还应当做到确凿充足，在质量上、数量上满足诉讼的要求。

（3）理清举证的目的与内容

举证的目的是用证据材料证明行政行为在实体上、程序上，适用法律上的合法性，而各个证据材料的内容是不尽相同的，有的是综合性的，有的是单一性的，有的是实体方面的，有的是程序方面的。应诉人员应当对各个证据材料内容、证明对象、证明目的进行分类、分项并将各类证据材料有机结合起来，通过证据链还原案件的事实真相以及做出行政行为的全过程。

（4）据理力争做好质证

质证是行政诉讼的中心环节，法庭调查的重要步骤。质证也是围绕着证据"三性"而展开，为法庭辩论打基础。质证一般经过三个步骤：先由被告举证，说明证据的内容、目的；再由原告辨认，并提出意见；最后双方进行辩解。在质证中，应诉人员应当及时抓住原告的质证意见展开攻防，做到"早准备"、"抓重点"、"攻弱点"、"补漏洞"、"争主动"，言简意赅，有力反击。

3. 庭审辩论阶段法治思维运用

诉讼的博弈，在某种程序上是原告和被告双方意志的较量。最精彩的环节是在法庭辩论阶段。无论是开庭前的准备还是法庭调查，落脚点都在法庭辩论阶段，这是双方较量的高峰。出庭应诉效果都反映在法庭辩论阶段。应诉人员应当切实把握好庭审辩论阶段，要拟写好辩论提纲或代理意见，并适时根据庭上情况调整充实辩论内容。

（1）从立与破两个方面来设计辩论方案

“立”就是要以行政执法全过程来确定行政行为的合法性，从而确定“守”的战术。“破”就是从原告的不当观点或错误观点与理由来破解诉讼请求，从而确定“攻”的战术。行政诉讼也是一种抗辩，从诉讼实践来看，抗辩的形式有三种：一是实体抗辩，即对案件的实体问题进行否定，比如滥用职权、案件事实不清、适用法律错误等；二是程序抗辩，即只对行政行为的程序问题提出否定意见，不触及实体问题，比如受案范围的问题、违反行政程序问题、没有听证、没有尽告知义务等；三是程序加实体抗辩，即混合抗辩，原告为保险起见即提出实体问题，又提出程序问题，二者交叉在一起，对行政行为进行否定，应诉人员应当针对原告的起诉状，针锋相对确定抗辩形式，设计抗辩方案，针对原告的起诉进行缜密设防。

（2）寻找抗辩的突破口

经过对案情分析以及法庭调查，双方争议的焦点已经明晰，寻找案件的突破口已不是难事。在某种意义上，审判人员归纳的案件审理焦点，就是被告抗辩的突破口。被告抗辩的突破口可以从以下三个方面着手：一是从诉讼程序上来寻找抗辩的突破口。看原告起诉是否超过法定的起诉期限，如果原告超过法定起诉期限的，人民法院应当驳回起诉。看原告的起诉是否是行政诉讼受案范围，不在受案范围的，人民法院应当驳回起诉。看原告起诉的行政行为状态，如果行政行为没有最终完成，相对人不得起诉。看原告、被告是否具备主体资格，原告、被告主体不适合则不能构成诉讼。看原告起诉是否存在重复起诉的情况。二是从行政行为做出的事实方面寻找突破口。行政行为是如何做出的，行政机关是否十分清楚明白，应诉人员应从当事人情况的证据上定位主体，从认定事实的证据上确定行政行为的合法性，从有关情节的证据上阐述行政行为的合理性，从行政行为做出的证据上证明行政行为的正当性，全面进行抗辩。三是从法律适用上来寻找突破口。行政法规涉及面广，数量繁多，一般来说，行政机关的熟悉程度胜于律师，这也是一个优势。应诉人员要充分应用好这个优势，在庭审辩论中加以发挥，可以做到游刃有余。

（3）敢于辩论、敢于化解矛盾

目前在一些行政案件中，有的行政机关负责人因对案情不熟，或者担心说错话、表错态而承担责任，因此庭审过程中不敢发言，不敢与对方当事人辩论沟通，于是直接影响了行政机关负责人的形象。行政机关负责人出庭应诉是代表国家行政管理机关和代表公共利益出庭应诉，必须敢于“发声”、善于“发声”，对于行政机关依法行使职权要理直气壮地予以维护。

行政机关负责人出庭应诉制度是一项具有鲜明中国特色、实践中行之有效的制度设计。出庭应诉可促使行政机关勇于负责、敢于担当，坚决纠正不作为、乱作为和坚决克服懒政、怠政的现象，坚决惩处失职、渎职的行为，严格规范执法行为，全面实现法治政府建设的目标。胜诉与败诉的关键取决于行政行为的决定过程，如果坚持依法行政，在行政诉讼中就有底气，应诉才会立于不败之地。

参考文献

[1] 汪永清．法治思维及其养成［J］．求是，2014（12）．

[2] 张立伟．什么是法治思维和法治方式［N］．学习时报，2014-03.

[3] 孙笑侠．法治思维的基本要领及五大思维［N］．北京日报，2014-12.

[4] 习近平．加快建设社会主义法治国家［J］．求是，2015（1）．

[5] 陈然．提高法治思维，善于处理四种关系［J］．求实网，2016-08-26.

[6] 齐卫平．树立法治思维全面依法治国［J］．求是，2015（3）．

[7] 介新玲．从法治理念到依法行政［M］．中国时代经济出版社，2010.

[8] 中共中央文献研究室．习近平关于全面依法治国论述摘编［M］．中央文献出版社，2015.

[9] 胡建淼．法治思维的定性及基本内容——兼论从传统思维走向法治思维［J］.国家行政学院学报，2016.

[10] 杨雪冬．全球化、风险社会与复合治理［J］．马克思主义与现实，2004（4）.

[11] 薛晓源，刘国良．全球风险世界：现在与未来——德国著名社会学家、风险社会理论创始人乌尔里希·贝克教授访谈录［J］．马克思主义与现实，2005（1）.

[12] 张成福，谢一帆．风险社会及其治理［J］．中国人民大学学报，2009（5）.

[13] 赵延东．风险社会与风险治理［N］．学习时报，2015（6）．

[14] 杨海．中国社会风险治理的新路径［N］．学习时报，2015（9）．

[15] 贝克，邓正来，沈国麟．风险社会与中国——与德国社会学家乌尔里希·贝克的对话［J］．社会学研究，2010（5）．

[16] 中共中央．中华人民共和国国民经济和社会发展第十三个五年规划纲要［M］.人民出版社，2016.

[17] 刘新圣，崔璨．重大行政决策合法性审查不能走过场［J］．人民论坛，2017（10）．

[18] 张淑芳．论行政决策合法性审查制度的建构 [J]．政法论丛，2016 (1).

[19] 马怀德．完善权力监督制约关键在于决策法治化 [J]．中国党政干部论坛，2015 (3)．

[20] 杜欣霖．完善重大行政决策合法性审查机制 [J]．行政管理改革，2014 (2).

[21] 王仰文．重大行政决策合法性审查问题研究 [J]．理论月刊，2012 (1).

[22] 张静．基层政权：乡村制度诸问题 [M]．上海人民出版社，2006.

[23] 冬华．从管理到治理：中国地方治理现状 [M]．中央编译出版社，2006.

[24] 李军鹏．公共服务型政府 [M]．北京大学出版社，2004.

[25] 张武强，汪雷，王蕙．基层政府公共服务能力：影响因素及对策分析 [J]．江西社会科学，2009 (5)．

[26] 艾医卫，颜道成．地方行政服务中心建设的成绩、问题和对策 [J]．中国行政管理，2007 (1)．

[27] 王楠英，王忠国．基层政府公共服务的体制创新 [J]．党政干部学刊，2008 (1)．

[28] 秋菊，孙立樵．略论基层领导干部公共服务力存在的误区与提高途径 [J]．辽宁行政学院学报，2008 (1)．

[29] 邓文忠，邹瑜．行政诉讼应诉策略之探讨．中国法院网，2016-08-31.

[30] 代灵敏．不断提高政府公共服务能力和水平．人民网，2014-03-12.